齐鲁人杰丛书

主编 任继愈 副主编 乔幼梅 邹宗良 贺立华

翰墨人生——王羲之

王汝涛 ○ 著

山东教育出版社
济南

图书在版编目（CIP）数据

翰墨人生——王羲之 / 王汝涛著．—济南：山东教育出版社，2015（2024.4重印）

（齐鲁人杰丛书 / 任继愈主编）

ISBN 978-7-5328-9168-9

Ⅰ.①翰… Ⅱ.①王… Ⅲ.①传记文学－中国－当代 Ⅳ.①I25

中国版本图书馆CIP数据核字（2015）第249134号

QILU RENJIE CONGSHU
HANMORENSHENG——WANGXIZHI

任继愈 主编

齐鲁人杰丛书

乔幼梅 邹宗良 贺立华 副主编

翰墨人生——王羲之

王汝涛 著

主管单位：山东出版传媒股份有限公司
出版发行：山东教育出版社
地址：济南市市中区二环南路2066号4区1号 邮编：250003
电话：（0531）82092660 网址：www.sjs.com.cn
印 刷：山东华立印务有限公司
版 次：2015年4月第1版
印 次：2024年4月第2次印刷
开 本：787毫米×1092毫米 1/32
印 张：7.375
插 页：2插页
字 数：125千
定 价：48.00元

（如印装质量有问题，请与印刷厂联系调换）印厂电话：0531-76216033

王羲之像

临沂王羲之故居

浙江绍兴兰亭

序

任继愈

山东教育出版社要出版一套《齐鲁人杰丛书》这是一件很有意义的事。

我们的祖国是一个有着悠久历史和辉煌文化传统的文明古国，而山东则是中华文明的发祥地和重要地区之一，在中华民族的形成和发展史上做出了应有的贡献。近年来的考古发现已经证明，早在几十万年以前，“沂源人”就生息、繁衍、劳作在这块土地上，他们生活的年代与“北京人”大体相当。进入新石器时代，这里先后出现了后李文化、北辛文化、大汶口文化、龙山文化和岳石文化，形成了前后衔接的史前文化的完整序列，这在其他地区是十分少见的。

山东为齐鲁旧邦。西周初年齐鲁两国的建立，把西方周文化带到东方，与东夷文化相结合，造成新的文化优势，为后来秦汉以后的邹鲁、燕齐文化奠定了基础。齐与鲁对当时中国的政治、经济、军事、文化、科技等各个方面都产生了重大而深远的影响。孔子生于鲁国，

他的思想学说不仅影响了中国，还影响到世界，成为世界人民共同的精神财富。此后孟轲、荀况发展了孔子的学说。鲁人墨翟是平民出身的政治家、科学家。孔墨两家成了战国时期的显学。孔墨之外，春秋战国时期的齐鲁地区人文荟萃，名家辈出，政治家如齐桓公、管仲、晏婴，军事家孙武、孙膑、田单，史学家如左丘明，工程技术专家鲁班，天文学家甘德，医学家扁鹊等。齐国稷下学宫，倡百家争鸣，大大地促进了学术文化的繁荣与发展，成为一时的学术中心。

下逮秦汉，中国进入大一统的封建社会。齐鲁文化博大精深的传统不断发扬光大，在此后两千年中，先后出现了公孙弘、诸葛亮、刘表、王导、王猛、房玄龄、刘晏、丘处机等政治家，彭越、羊祜、王敦、秦琼、王彦章、戚继光、邢玠等军事家，邹阳、东方朔、王粲、孔融、刘桢、徐干、左思、刘峻、刘勰、王禹偁、李清照、辛弃疾、张养浩、康进之、高文秀、谢榛、李开先、李攀龙、兰陵笑笑生、蒲松龄、孔尚任、王士桢等文学家，王羲之、王献之、颜真卿、李成、张择端、焦秉贞、高凤翰、刘墉等书画家，郑玄、王弼、刘熙、臧荣绪、邢昺、于钦、马骕、张尔岐、孔广森、郝懿行等经学家、史学家、文字学家，氾胜之、刘洪、王叔和、何承天、贾思勰、燕肃、王祯、白英、薛凤祚等科学家。几千年来，人才辈出，灿若繁星。

进入近代，山东地区的历史发展呈现出两个十分鲜明的特点。一是灾难和压迫深重。1840 年鸦片战争之后，随着中国社会殖民化程度的加深，先是帝国主义教会势力侵入山东，后是日、英侵占威海卫，德国侵占胶州湾。二是压迫越是深重，反抗越是激烈。山东人民不屈不挠，前仆后继，进行了艰苦卓绝的反侵略、反封建斗争。山东人民反“洋教”的巨野教案，威海人民反抗英军侵占威海卫的斗争，高密人民的反筑路斗争，宋景诗领导的黑旗军起义，曲诗文领导的抗捐抗税起义，捻军和山东抗清武装击败清亲王僧格林沁的壮举，都是山东近代史上可歌可泣的壮丽篇章。面对帝国主义瓜分中国的狂潮，阎书勤、赵三多等率先举起了“反清灭洋”的大旗，直至发展为声势浩大的义和团反帝爱国运动，更是写在中国近代历史上光辉的一页。

1919 年的五四运动是由山东问题引起的，山东人民则是这一运动的前驱。随着马克思主义的传播，王尽美、邓恩铭等建立了山东共产主义小组，山东成为全国建党最早的省份之一。抗日战争爆发后，在民族危亡的历史关头，山东党组织领导了冀鲁边、鲁西北、天福山、黑铁山、牛头镇、潍北、徂徕山、泰西、鲁东南、鲁南、湖西等抗日武装起义，山东军民创建了我党领导的山东战略根据地，山东大地上成长起了范筑先、张自忠、任常伦等民族英雄。在解放战争时期，山东人民参军参战，

支援前线，配合华东解放军粉碎了国民党反动派的全面进攻和重点进攻，当时在山东境内发生的孟良崮、莱芜、济南、淮海等一系列重大战役的胜利，都直接地推动和影响了中国革命和中国历史的进程。

山东是一块有着悠久文化传统和光荣革命传统的土地，是一个英杰辈出的地方。作为一名山东人，我深以在故乡的土地上出现过一代又一代的文化名人和仁人志士而感到骄傲和自豪。《齐鲁人杰丛书》以文学传记的形式，将他们中的杰出人物介绍给广大读者，他们坚韧不拔、克服困难的精神给人以鼓舞，他们各具特色的人生经历和杰出贡献给人以启发。我们诚挚希望这套丛书能在弘扬祖国的传统文化，增强民族凝聚力，推进祖国的现代化建设中起到积极的作用。作为本丛书的撰写者，切盼得到广大读者的指正，以便作为今后进一步改进的依据。

目　录

楔子 孝河白莲

中国历史上的短命王朝之一，存在了只五十二年的西晋王朝，在开国之初，气势却极不平凡。开国皇帝司马炎，虽然以不大体面的方法从曹操的孙子曹奂手中得到了天下，然而玩的是让曹奂甘愿退位让国的禅让把戏，没有动干戈，不攻城杀人，而且这种方法又是曹魏王朝开国皇帝曹丕发明的，前有车，后有辙，当时便没有什么人反对他建立新王朝。王朝建立前两年，是司马炎派兵灭掉了称帝四十二年的蜀汉政权。开国后十五年，又灭掉了称帝五十八年的吴政权。从此鼎足三分的三国时代结束，统一的晋王朝被推上了中国的历史舞台。司马炎（死后被谥为武帝）虽然没有刘邦、刘秀、曹操甚至于他祖

父司马懿的雄才大略，然而也不是平庸无能之辈。他创立了几项巩固王朝统治（一开始又含蕴了后遗症）的制度，结束了自东汉末年黄巾起义后战乱不休的局面，恢复了农业生产。人民说不上怎样的安居乐业，却获得了相对的安定生活。他做了二十六年皇帝，患病死去。继位的是他的儿子司马衷（死后被谥为惠帝），这是中国历史上有名的白痴皇帝，不过由于制度发挥了稳定作用，头十年国家还是平定无事的。三十六年的太平生活，人民得以休养生息，至少一代人得到了好处。

白痴皇帝即位十年以后，开国皇帝制定的一项制度——封同姓王以拱卫国都和皇帝——的负面作用出现了。同姓王，都是皇帝的本家，有的甚至是他的叔祖和叔父，制度规定他们的封国大的占有一郡土地，小的占有一县土地。封国有自己的财政收入，有自己的军队。这样的王国在战乱年代也许能拱卫皇帝吧。遇上英武有为的皇帝，同姓王，不论是皇兄或者皇叔，自然老老实实地享他的荣华富贵。不幸遇上了个白痴皇帝，王兄王叔们便少不了有人生出非分之想：都姓司马，为什么让你个白痴坐在皇帝宝座上？我不信当起皇帝来比你差。白痴皇帝呢，饱食终日，不用脑子，自然身体就比较健康，看来十年二十年的还未必“驾崩”。于是有野心的同姓王开始蠢蠢欲动了。偏偏白痴皇帝的妻子、正宫皇后贾南风又是个极不安分的人，丈夫无能，她干预朝政便没有太

多的顾忌。她颇有心机，便想拉拢一些有实力的同姓王作后盾。这一来，小康局面维持不下去了。先是宫廷政变，然后是同姓王杀了贾南风，再以后，几位同姓王都想挟天子以令诸侯，开始兵戎相见了，这是历史上有名的“八王之乱”——西晋王朝灭亡的导火线。

不过，八王之乱一开始，受到影响的还只是京城洛阳附近的大河南北，其他距京城稍远之地还未受波及。

王国之一的琅琊国，其实就是曹魏时的琅琊郡，只因为司马炎把他的一位叔父司马伷封为琅琊王，便去郡号而立国号。这里，属徐州刺史管辖，在徐州的北方偏东，东面直到黄海之滨，境内北部一部分为山区，南部有不小的一片平原。沂水、沭水由北向南贯穿全境，是一个富饶的地方。下面辖有开阳、临沂、阳都、缯、即丘、华、费、东安、蒙阴九个县。琅琊王府在开阳城内。就在白痴皇帝登基的第十四个年头，皇家纪元为泰始二年（公元 303 年），嗣琅琊王司马睿稍稍地卷入八王之乱之中，留在了洛阳，未在国中。代他管理国事的是内史。政简讼轻，他倒是很闲适自在。

七月十一这一天，虽说已经立秋了，卯时以后，火热的太阳升起，仍然使人汗流浃背。就在此时，王府里一名常侍和一名典书来见内史，说是奉了夏侯太妃之命，要去临沂县的南仁里打听一个信息。太妃之命，谁敢不准？内史自是点头答应，但又忍不住问了一句：“什么信

息这等要紧？还得去两个人。”常侍是个爱说话的人，应声答道：“太妃算计着，即丘子府里四房王旷郎君的夫人，怀胎已经足月，让下官们去看看生产了没有，要是还未生产，就得把吴典书留下听候差遣。”

“听说王旷郎君一直在皇帝陛下身边作侍中，如今放着陛下的亲信官不做，辞职回来了，这又是为何?”

他们谈论的即丘子，是本郡的名门高官王览，曾任九卿之一的太常卿，又封为即丘子，食邑六百户。他有六个儿子，官却做得不大。内史提到的王旷[①]，是王览第四个儿子王正的嫡长子。王旷的母亲夏侯氏，是琅琊王司马睿的母亲夏侯太妃的亲妹妹。也许因为这层关系，王旷几年以前就做了皇帝贴身官员的侍中。是啊，他为何丢下人人羡慕的官儿不做，回家来了呢?

这位常侍是琅琊大王的心腹人，与王府有关的事情，几乎是无所不知。他对内史露出个带有神秘意味的笑容，然后声音放得低低地说：“如今嘛，朝廷里有些乱哄哄的了。几位大王，为了争着在朝里独揽大权，彼此大动刀兵，听说有时乱箭射到了陛下身旁。王旷郎君觉得整天跟着担惊受怕的，一心保护陛下吗，又怕说不定得罪了哪位大王，不明不白地死在乱兵之中，他才请假回来看望妻子老母，避上一阵再说。”

“可是假期满了，他，这位郎君还不是得回洛阳啊。”

“下官告诉你一个秘密的消息，你可不要对人说，听

说他正托人向陛下推荐到扬州一带作一任太守呢。”

“这也不是什么大事，何须怕人知道?”

“这你就不懂了，如今连咱们大王，还有王导郎君，就是他们王家的长门嫡子，袭封即丘子的，都在洛京没有回来。王旷郎君，身为侍中近臣，竟想离开陛下，到外地避兵，旁人倘若有个议论，他如何禁受得起？所以太妃……”

那位典书知道常侍的毛病，一看他又有些管不住自己的舌头了，赶紧拦他：“常侍大人，今天是个热天，趁凉爽早动身的好，一来一回六十多里路呢。”这才打断了常侍公那滔滔不绝的谈锋。

天是热，两匹马在骄阳下奔跑，带起一点风来，也是热风。二人先是一鼓作气，跑了二十里以后，撑不住了，遇到有树林子处，便下马休息一番。一共休息了两次，典书没到过那个叫南仁里的村子，又一次上马时，便问：“出了开阳县了吗?”

“哈，早就进了临沂县了，再走个四五里，你就看到那条孝河了。王旷郎君就住在孝河边上。哦，孝河是灵河，有关他的一个典故你可知道?”

“啊，不就王旷郎君的伯祖父太保公王祥卧冰求鱼，孝行格天的事吗？琅琊国中何人不知？不过，灵河之说不知何指，倒没有听说过。”

“哈，那就听我告诉你。这条河上，那一双鲤鱼自动

破冰跳出来的地方，从此年年不结冰，就是全河冰冻三尺，那里还是一汪水，大约有二尺方圆一片。”

典书自言自语：“这要是真的，就有点奇怪。”

“灵河嘛，有什么可奇怪的。你可别不相信，等一会到了地头，我把那个处所指给你看。”

两匹马沿着一条河岸缓缓地走着，典书看见前面不远，岸边三丈开外，出现了一片瓦房，料知南仁里到了。心想，到了这位郎君家，先得讨杯茶解解暑气。他做过侍中，想必家中藏有扬州出产的好茶。这话儿，只闻其名，我虽然当着王府的典书，可没喝过……

猛然他吃了一惊，因为常侍忽然大喝了一声：“就在那儿。”“什么在那儿？”典书迷迷糊糊地问。

“就是那不结冰的灵泉呀。”常侍兀自伸手指着。

顺着他手指处，典书才发现，这条河的河面，全被茂盛的荷叶荷花盖住了，活像一个大荷花池。至于常侍手指的地方呢，同样被荷叶荷花遮住，根本看不见水面。典书想：如今是夏天，不结冰，就算看到水面，也不知道是不是真有什么灵气……忽然，他发现了一点什么。原来，满河连开花带含苞未放的，都是红莲，独在常侍手指处，挺立着一箭即待开放的花，颜色白中略带一点青色。懂得的人都知道，那是一朵白莲。

“走吧，呆看什么，世宏郎君的家就在前面。”常侍说着策马先走。典书知道王旷字世宏，又想起喝茶的事

来，双腿一夹马，跟了上去。果然前行没有几步，常侍下了马，拴在旁边一棵龙爪槐上，走向一处宅院，伸手便拍两扇朱漆大门上的铜门环。待到典书跟了上去，大门开处，一个虎头虎脑、十三四岁的小厮正向常侍长揖行礼呢。常侍含笑一挥手，大踏步走入深深的庭院，随口问道："侍中……啊，啊，王使君可在书房里？"

"不呢，请常侍大人在书房略坐，我去请郎君。少夫人还没有……没有……郎君在上房照看着呢。"说着引了二人进入书房落了坐，慌里慌张走向后院去了。

王旷这个书房不算太大，靠墙立了四五个书架，蓝布书函的书堆满了架，但是在琅琊王府的典书看来，比起王爷的书房，这里堪称寒酸了。他又看到一条长几上摆了些法帖，心里想道：久闻王家的几位郎君中，王导、王敦、王旷、王廙都善书法，且看看他收藏了些什么名帖。刚要迈步，忽然远远传来一阵婴儿啼声。常侍说："看来是分娩了，你我不妨到后进院落中站上一站，世宏郎君必然出来见我们，问一问是男是女，起名了没有，就好回太妃的话了。要是老在这屋里傻等，这位郎君还不知道几时才能见咱们。天热，早些回家洗沐一番才好。"说完，二人一先一后，往后面一进院落走去。

后进院落中有两株大银杏树，枝繁叶茂，二人走到树下。常侍倒背了手，仰看树冠，作悠闲状，典书却看到刚才那个小厮，正站在湘帘外急急地对着屋里不知在

禀报什么。不一会儿，帘箔响处，身材颀长，颇有儒雅风度的一个中年人面含笑容出来了。典书心想：好一付瑚琏之器，怨不得身膺侍中之选，日夕陪伴天颜。眼看常侍缓步迎了上去，隔着老远便寒暄起来，便也规行矩步随了上去。寒暄完了，常侍介绍了典书的身份，又说明了奉太妃命探望的因由，接着便问："是位官人，还是千金?"

王旷回答："是个男孩，望回去向姨母道谢，托她老人家之福。"

"啊，是，是，太妃听了必定高兴。敢问可曾起了名字?"

"大名呢，早与家母商量好了，如果是男孩，就依他阿哥的名字籍之往下排，叫作羲之。至于乳名嘛，我刚才起的，叫作吾（疑是於字，音乌）菟。"

常侍似乎吃了一惊："什么？什么乌兔?"典书用手肘轻轻捣了他一下："啊，好名字，记得《春秋左氏传》中说，楚人称虎为於菟。小郎君若是习武，怕不是员虎将。"常侍连忙接下去："果然是好名字。哦，郎君，府上大喜，你今天事忙，下官二人急着禀知太妃，就此告辞了。"典书回家心切，忘了本想尝一尝王旷府上的茶，也跟着说："告辞了，使君留步留步。"

二人到门外上马，刚走了几步，忽然典书勒住马，呆呆地向河中看。常侍的马在后面，被挡住了，便说：

“不走，你看什么?”典书用手一指：“常侍大人，你看那边。”

“我看见了，不就是一片荷花吗，这里年年夏天如此，不稀罕了。”

“不，大人刚才说的那灵泉所在，你看，这十亩红莲之中，独独那里一枝白莲。”

“我看见了，莲花有红有白，天下如此，莫非白的少了，就特别珍贵了?”

“不啊，咱们来时，下官看到那白莲花还含苞未放呢，如今可全开开了。”

“那又怎样，花都是有开有谢……啊，我说，你这饱读诗书的人，大王常说你有学问，你从这枝白莲花悟出什么来了?”

“下官想，刚才大人说那里是个有灵气的地方。满河红莲，唯独那里挺着一支白莲，亭亭独立，就显得不寻常。如今王家小郎君生下来，那花霎时间就开了，太巧啦。”

“莫非你觉得这是有关那阿菟郎君的什么预兆?”

“下官窃有此疑。”

“那么预兆是好呢还是不……”

“自然是吉兆了。”

“啊，你们这些读书人……不过，既是吉兆，回去说给太妃听吧，她老人家一定高兴。”

夏侯太妃对于妹妹家又添了个孙孙感到高兴。三天以后，王旷来看他，说明自己要到丹阳去上任。托姨母照看一下自己的家，并且说江南如果没有什么变乱，两三年后也许把母亲和妻子接到任上去。太妃知道王旷在洛阳多年，又在皇帝贴身任职，便问起朝中大王彼此兵戎相见的内幕。王旷把自己知道的都说了，并且预言洛京一定还会乱下去。太妃默然半晌，便说出了想把儿子从洛阳唤回来，留在封国冷眼观看一下时局的变化，王旷表示，自己也希望姨弟回来。

临到王旷告辞时，太妃才笑着把典书所判断的羲之降生，正值十亩红莲中唯一的白莲开放之时，乃是个吉兆的话告诉了他。王旷听了哈哈大笑，连声说："无稽之谈，无稽之谈……"到了晚间太妃就寝时又想起这件事来，便自己问自己："真的是无稽之谈？"可要说是个吉兆，又是什么吉兆呢？她一直解不开这个谜。

① 经查各种史部著作，王旷在公元 303 年 7 月至 305 年 8 月不知任何职，他于 305 年 8 月始任丹阳太守，以后的事迹，年月清楚。故对这一段空白，作推测之辞。

少年坎坷形状

一

人们好说，欢乐的日子过得快，其实身在动乱之中，日子过得更快。因为时势多变，一番变化接着一番变化，不知不觉间，韶光似水般地流逝了。眨眼之间，小羲之四岁了，他一生中能记得的最早的事就在这一年，因为父亲回来了。但他能记住的事实在也不太多，先是比他大五岁的哥哥籍之，几次对他说："阿爷要回来了，说要带咱到开阳城去住呢。"听得多了，他问妈妈："阿爷要回来了吗？阿爷什么样啊？"他母亲诸葛夫人[①]总是满怀慈爱地对他说："你见了就知道了。"他又问："开阳城是什么样子啊？"母亲还是笑笑说："你见了就知道了。"

他所要知道的，终于也都见到了。首先，他和哥哥是随着母亲坐牛车去开阳的，不久

以前，经常抱他、逗着他玩的慈爱的祖母也是这样坐着牛车走的。母亲说："那是跟着二叔到六百多里地之外一个叫濮阳的地方去住。"濮阳这个地名他所以能够记住，乃是几年之后二叔和祖母（还有一个三叔）到建邺与他们同住，又亲自教他书法时多次提起在濮阳时曾见过什么胡孔明[②]写的碑碣时，才和幼年时已经忘却的一件事联系起来的。就在他一直想念祖母、闷闷不乐时，开阳之行打开了他的心扉，使他又快乐起来。

牛车走得很慢，哥哥有时不耐烦了，干脆跳下车去步行，羲之总是偎坐在母亲身旁，恣意观看春天的田野。田野里的景物似乎是他熟悉的，蓝天、绿绿的麦苗儿，刚挂满了绿色叶子的树，这些都在南仁里的那个小天地中见过。然而，他又似乎到了一个新天地之中。天这么高，大地这么宽广，无论向那个方向望去，都望不到边。而且，他也是第一次见到这么多的人。开春有一阵子了，在清明、谷雨之间，正是大兴农工的时候，大地呈现一片生机，小羲之似乎由于人的本能感受到了这一些。他带着幼稚的好奇指着田里的人，路上一些从未见过的事物问这问那，使得诸葛夫人一时放松了急于见到丈夫的情绪，不厌其烦地解释给小儿子听。她早已感到这个孩儿有不同于常儿的地方，那就是遇着他不明白的事和没见过的东西，便缠着大人一遍又一遍地问、直到问得他自己满意了才停下来。

小羲之对于这一次去见父亲，其他的事，和怎样在南仁里生活的一段时间一样，以后总也想不起来了。他所能记得的只有他们过了一条大河，河上有一条好长好长的桥。后来牛车进了城门，又进了一座大宅院，爹爹便已在大门外迎接他们了。母亲指着一个人让他叫阿爷，他迟迟疑疑地没有叫，哥哥籍之却飞跑着扑到那人怀中去了。

以后母亲曾经嗔着他不叫阿爷，但阿爷不在乎这件事，以后常常抱他坐在腿上给他讲些有趣的故事，还带着他（当然有母亲和阿哥）去一个大宅院去拜见两个人，一个让他称作姨奶奶，母亲却叫太妃；一个是个和阿爷年纪差不多的，这人没有跟他说话，他分明听得阿爷称那人为大王[③]。以后，他长到十几岁时，这位姨奶奶已经死了，这位大王忽然做了皇帝，阿哥还在皇帝手下为官。他也知道了当他头一次进入开阳的琅琊王府第时，原来可以称这人为表叔的。

他走过的那条大河叫作沂河。到了他晚年，每次想起沦陷了的北方故乡时，这条河便首先进入脑际，成为故乡和北方山河的代表，而一再被人们提起的北伐中原，他以为不能专指河洛中州，至少应该包括临沂和开阳在内。

可从他一家搬进开阳城里以后，父亲似乎不常见面了，总是隔多少天在家中出现一次，一次也住不了三五天。母亲说，那是因为琅琊大王被封了个什么将军，住

到了下邳，阿爷常去那里和大王商议大事。什么大事，他自然不知道，也不想知道。因为这时母亲做了个木盘，里面盛了平平的湿沙，教他用小树枝划字，同时教给他这个字的读音。好像出于天性，才四岁的小羲之对此很感兴趣，他常常划上一阵，用小手抹平了盘中的沙，然后再划。诸葛夫人在旁边看着，见他神情极为专注，便暗自点头微笑。当然，她也关心大儿子籍之，籍之本来早已伏案学书，如今却有了固定的窗课，同时也开始读书，读的并非启蒙的文字书《凡将篇》什么的，而是奉伯祖父遗训，王氏子孙必读的书——《孝经》。教两个儿子学书法，是王旷与诸葛夫人商议以后定下来的。

他们一家在开阳城自家的宅院中过了一个年。这是一个很热闹的年，不但王旷回到了家中④，琅琊王回到了封国，另外被父亲称作茂弘弟的王导和他的两个儿子、王羲之称为悦阿哥和恬阿弟的也来了。羲之和哥哥贪着和这两个堂兄弟玩，对祭祖、守岁、拜年、庆上元那一连串喧闹的日子，中年以后，连一点细节也记不起来了。他只记得父亲仍是忙，常去王府见大王，母亲说，有一件大事阿爷正与大王商议。以后羲之才明白了这件大事正是他阿爷策划的，人称为百族永嘉南渡的历史大事件。这件事给东晋王朝的建立打下了基础，也使得王羲之一下子流寓到江南，从此再没回过故乡。

二

王旷在羲之降生以后不久去了扬州，他当时被任命为丹阳太守。但是两年多后，他被赶出了丹阳，在淮南小住了一段时间。听到有人议论他弃郡而逃，他觉得自己受到了冤枉，便到下邳去见姨表弟琅琊王司马睿。琅琊王听他说了前因后果，劝他去洛京见东海王司马越，说这事不难分剖明白，他可以回丹阳原任，也可以留在洛阳为官。王旷原是逃避八王之乱离开洛阳的，不愿意去向朝廷申诉，自然也就不能回丹阳。他向琅琊王表示，天下各地刀兵不断，还有胡人掺杂在当中，看来乱象将成。青徐二州虽然偏居东海之滨，也未必能在大乱来到时保得安泰。自己想在家乡静观一番，适当的时候再决定出处。琅琊王因为深知这位表兄是个有才能的人，自己刚被任命为平东将军，监徐州诸军事，军务之事关系重大，平东司马王导雍容有余，但难以决断大事，所以不时把王旷请到下邳，遇事和他商量。

原来王旷去丹阳任太守，与扬州刺史同居建邺。此地乃是昔年东吴的旧都城，当地大姓顾、陆、张、朱势力很大。有政治经验的王旷，心知必须联络他们，否则自己这个太守的政令就很难贯彻到下属的十一个县之中。他与这几个大姓的头面人物交往，刚有了个好的开头，谁知惠帝永兴三年（公元 305 年）十二月，右将军陈敏

举兵造反，派他弟弟陈斌攻打扬州。王旷约了扬州刺史刘机要守卫建邺的。忽然，听说吴王常侍甘卓从洛京到了扬州的历阳。陈敏逼迫甘卓假传皇太弟（白痴皇帝的太子、太孙都在宫廷政变中死了，挟天子以令诸侯的人给他立了个皇太弟）豫章王司马炽的命令，拜敏为扬州刺史，并且拜江南大族顾荣等人为郡守、将军。恰巧任丹阳太守的是顾荣，他被称为江东第一人。王旷当时不知道皇太弟的命令是假的，便让出了丹阳。因此一时传说王使君弃丹阳而逃。等到平定了陈敏，和王旷一齐离开建邺的扬州刺史刘机又回建邺当他的刺史，朝廷却另外除授了丹阳太守。这就是王旷遭冤枉的经过。幸而王旷人如其名，确实心胸旷达，没有太把这件事放在心上。

过了年，是新皇帝怀帝⑤永嘉元年（公元 307 年）。白痴皇帝是上一年十一月“驾崩”（洛京出来的人都说他是被新掌权的东海王越秘密害死）的，皇太弟即了位，大权还掌握在东海王手里，朝里朝外很有些人不服。恰巧这一年东莱反了个王弥，率领几千人马去攻打青州。青州刺史王敦，是王氏二房子孙，曾经和王旷、王导同在洛京为官，尚了武帝女襄城公主，因为在平定赵王司马伦时有功，被外放为一个大州的刺史。在琅琊南仁里王氏一族中，他自命是大将之才，谁也看不起。这一回王弥的兵马还未到青州，他借口朝廷调他去洛京为中书监，丢下青州走了，走得那么急，连公主也没有携带

(后来的史籍中便再也没有提到这位公主)。他也没有去洛阳，而是回到南仁里家中。他曾去下邳谒见琅琊王司马睿，只是大谈什么王弥兵力甚强，不但青州兵马无力抵挡，倘若他南下攻徐州，那将是一场大祸云云。然后他拜访了王导，二人密谈甚久。过了几日，王导禀知司马睿，要回一趟临沂。

他走了之后，王旷偶然和司马睿谈起王敦，说他迟迟不去洛京赴任，又约王导还乡密谈，定然是有所图谋。

“他能有什么图谋？朝廷征他为中书监，他又是东海大王所信任的人，这一去自然春风得意，茂弘[⑥]早年在东海幕下，莫说只是回乡探视妻子，就算处仲约他密谈，无非谈谈有什么事要请托东海王。除此之外，就算还有图谋，不关我这平东军府和琅琊国的事，谁耐烦去管他们。”

王旷看了看周围没有旁人，便低声对琅琊王说：“好叫大王得知，他们的图谋说不定就与大王的封国有关。因为处仲虽然和我同年生，他喊我一声阿兄，却并不佩服我，在洛京时便貌合神离的。这次来下邳，也拜会我一次。他忽然谈起天下大势来，问我如何看法。我说失郡之将，待罪于家乡，哪里管得了天下大势。他便劝我去洛京投奔东海大王，无意中漏出一句话来，他让我劝大王率领国中之兵，也去东海大王处，躲避一下王弥的锐气……”

“可王弥的兵马并没有南攻徐州啊。我丢弃封国，去投东海王兄，万一真的王弥乘虚而入，满朝文武会说我什么?”

“大王，好像处仲还有一层心机呢，他与东海王在朝里惹了些议论。要是大王率举国兵马入朝，东海王的地位自然巩固，更加成为朝中举足轻重之臣了。”

司马睿深知朝里有人议论东海王越，是因为他弑了惠帝，那么，让自己去洛阳以增加他的威信，倒也不失为自固之策。而且权衡利害，自己去了洛阳，一来躲避一下王弥——他万一真的南攻徐州呢——二来，自己帮东海王一个忙，他必然会设法酬谢自己……不过，这个王处仲这样做，想必是奉了东海王的意旨行事了，他为什么不直接和自己谈，却鬼鬼祟祟，吞吞吐吐地暗示给王世宏？于是他把自己的疑惑对王旷说了。

“我以为这未必是东海王的意思，很像是处仲借东海王之名，行他自己之计策，事若成了，他向东海王邀功。万一以后出了风险，大王找不到他身上。”

“怎么又谈到风险上来？这又有什么风险?”

“大王久在洛阳，从赵王伦篡权之后，几位大王互相残杀，无非是为了独握大权，挟天子以令诸侯，洛阳处在争权的漩涡中心，大王一去，必受猜疑。”王旷停了一停，又接着说下去：“如今国内乱兵四起：成都李雄建立伪成，居然称帝，汲桑攻邺下，王弥攻青莱，最为心腹

之患的还是并州反了个胡人刘渊。并州已经糜烂不堪，他如果自茅津渡渡河，连洛京也首当其冲，大王更不宜身入险地。”

“那天王处仲对我大谈王弥如何兵强马壮，我还在想，朝廷有几十万大军，这些草寇不过猖狂一时，并没有放在心上。如今听你一说，咱们这儿也非太平之地。唉，唉，有个什么办法能躲开劫难呢？”

“我想了个将计就计的办法，大王看是否可行？”接着，王旷与司马睿低声商议了几近半个时辰。

三

王旷骑着快马，用了一天的时间赶回了开阳。第二天清晨，又快马加鞭赶到了南仁里，径自在王导家门前下马。给他开门的王导仆人对他说大郎君没在家。问到哪儿去了，他一问摇头三不知。王旷暗想，王导比自己早一天从下邳动身，算时间分明已经回到家乡，怎的又不在家？哦，是了，是了，他回来本是为了和处仲商谈什么，一定在处仲家里。于是，马也不牵，徒步赶到了王敦家。

仆人倒是开门放他进去了，却说没有看到茂弘郎君前来。王旷这回不信他的话了，反正是熟地方，我难道不会自己找？便一直向后宅王敦的卧房闯去。到了，三间卧室的屋门紧紧闭着。他大声叫门，无人理睬。分明

里面有人，反正我是奉平东将军将令而来，动一回粗，且看你们怎的应付？他大踏步走向窗前，双手猛地一推，咔嚓一声，几根木窗棂断了，纸窗出现了一个大洞。他伸进头去张望，哈，人可真齐全哪！王敦、王导、二房中王敦的兄长王含，王导的两个弟弟王颖、王敞；正愣然望着他呢。好个王旷，不等这五个人定下神来，先发制人地大喝一声："好啊，如今天下正大乱哩，你们闭起门来密谋，莫非要在这琅琊国造反。我是奉大王之命前来察看的，不说个明白，大王面前去分诉。"

还是王敦有担当，他说："世宏，休要吓唬人。我从青州回来，茂弘他们来看我，谁个秘密商议什么事了？"他只在屋里答对，丝毫没有要开门的意思。

"哼，我叫门之前，已经听了一阵子，休当我不知道你们都说了些什么。你们既然连放我进屋都不敢，我只索回去禀知大王。喂，茂弘阿弟，这与你向大王请假探视眷口可有点不大相符哪。"

王导心虚，立刻止住了正待反唇相讥的王敦，对王旷说："世宏阿哥，有话请进来说，其实我们原也无意避讳你，所商议的无非是咱们全族在这天下就要大乱之际，何去何从。"

王旷进了屋，自己觅个胡床坐了，嘴里不闲着："全族何去何从，这可是件大事，不过，我听到你们谈琅琊王、东海王什么的，咱们王氏一族的事，怎么无端牵扯

到两位大王身上?”

王含是个没有才情的人，他鲁莽地回答：“如今天下大势取决于东海大王，咱们要图大事，不投靠他投靠谁?”王导一听王含泄了底，又以为王旷真的听到了什么，便用了解释的语气说：“咱们既然要全族避乱，投奔东海王，自然得劝琅琊大王一同去洛京。听说豫州有不少成都王、河间王的败残兵马，有琅琊国的兵马一路同行，乃是万安之策。世宏，这事不但不瞒着你，事情商妥了，还得请你向琅琊王……”

王旷心想，不瞒着我，可就是紧闭着房门不放我进来。他见王敦在一旁冷眼旁观，明明是策划全局的人，似乎成了局外之人。知道此人从小便有个无赖的性格，好言好语问他，一定不肯说，不如先发制人，敲打他一下。便瞪视说：“处仲啊，怎么你不来，全族的日子过得好好的，你一来，像天塌下来一样，全族便要抛家舍业，避难去了，什么原因这般蝎虎啊?”

“这个，愚弟也曾禀知过琅琊大王，东莱反了个王弥，他发兵攻青州，俺王处仲无能，弃州逃跑，溜之乎也，在路上听说那厮要南攻徐州，这才与茂弘商议，为了全族安全，理应避他一避……”

王旷来时原就胸有成竹，见他提到全族安危这个大题目，知道到了拿出真办法的时候来了。于是转头对王导说：“原来如此，你是长房嫡子，原该为全族着想。只

是我以为，这等大事，既要托庇大王兵力之下，何不全族去大王处一议，请大王定夺。”

王敦要说什么，张了张口，没说出来，王导觉得此议甚是有理，兼且自己是平东军府司马，首先表示赞成。王含想了想，也附和着。于是，次日黎明，王含、王旷、王敦、王导四人四骑，未带从人，驰向下邳。应王旷要求，琅琊王司马睿在密室中会见四人，议了一天，终于听从了王旷的献策，决定全族随琅琊王避地他方。不过目的地不是洛阳而是江南的建邺。又过了一天，王敦去洛阳到中书监任上，随身却带了一封琅琊王呈东海王的密书。其结果是这年七月，以新皇帝怀帝的名义降下一道诏书：“以琅琊王睿为安东将军、都督扬州江南诸军事[7]，假节，镇建邺。”王敦留在了洛阳没回来，王导以族长的名义召集全族子弟家属，告知全族要随琅琊大王渡江。琅琊国内一些大族诸葛氏、颜氏、符氏、惠氏、徐氏、畅氏，甚至兰陵郡萧氏、彭城国刘氏、曹氏、袁氏，下邳国陈氏，东莞郡臧氏、刁氏，东海郡王氏、何氏都闻风而动，纷纷托人联系，请求参加。琅琊王命王旷组织这次大规模的南迁。王旷以郡国族姓为单位，用兵法部勒，规定各随部伍，不得随意闯入他族的队中。他亲身率领一部分琅琊国的兵马开路，王导在中军辅佐司马睿，带足了食物，牛车日行顶多不超过五十里。就这样，历史上称作永嘉南渡，其中规模最大的一次“大

搬家”开始了。这一年是怀帝永嘉元年（公元307年）。

四

小羲之这一年五岁，不过“大搬家”留给他的印象还是很深。自然，连贯的印象是没有的，他只记得坐车、坐车、坐不完的车，走不完的路，偎依在母亲身旁，看的是有时极为单调、有时不断变换的场景。单调的是路两旁似墙一样的高粱，连着一大片又一大片。有时，路旁是秸棵不高的豆子，就能望见在瓦蓝瓦蓝的天幕之下远处一座一座绿树掩映的村庄。可是有时他们的车队穿过一些村庄时，不多的男女老少村民穿着破烂的衣服，有不少小孩简直不穿衣服，站在家门口看他们。不知是不是这些印象留在心灵中，使他晚年就此进行反思？可是在东晋的君恬臣嬉、只知道无餍足刻剥黎民的时代，王羲之身为一郡太守，却屡次开仓赈济灾荒，反对役政、军粮征收过重带给郡民的苦难，与其他刺史郡守大不相同，怕不会没有思想根源吧。

路程终于走完了。当年九月到了建邺。王旷和王导把全族安置在旧东吴乌衣营的几所宅院中，就各自忙他们的事了。羲之和哥哥籍之第一次处在王氏大家族的环境中，乌衣营有一个大广场，原是东吴时的校场，如今荒废了，长满杂草，衬以各色野花，虽是秋季了，江南天暖，羲之和堂兄弟王悦、王恬、王瑜、王应以及不太

久之后又加入进来的王宴之、王允之，很喜欢在这儿玩，寻花、捉虫、吵架，又和好。互夸自己家中有什么奇异的物事……王旷因为忙着帮助琅琊王组织安东军府（下邳平东军府的幕僚不少人留在徐州，跟来建邺的不到一半），还要抽时间联系扬州几个大族，暂时顾不了教育两个儿子。

不久以后，王旷突然告诉妻子，琅琊王在南迁途中就已经密奏朝廷，表自己为淮南内史。这时诏书下来了。自己曾和琅琊王司马睿密商了大半日。还告诉诸葛夫人，大王说这次荐自己任淮南内史，有两个用意，一个是用淮南国的兵马，镇守淮上，屏障江南。另一个是寻机会设法挤走平东将军、督扬州江北诸军事周馥，用自己代替他，整个扬州的兵权就全在自己掌握之中了。王旷说时，有几分得意的颜色。

“那么，我与两个孩儿是不是与你一起去寿春呢?”

“先不能去，周馥见我单身一人赴任，会猜我没有常住淮南的意思，也好不防备我。等我实授了监扬州江北诸军事职务以后，再接你母子到任。好在我已经请准了大王，派茂弘不时照顾你。再有事，找阿娘给太妃捎个信去就行。我想再有一年，顶多两年，你们就可以到寿春与我见面了。”诸葛夫人一向知道丈夫胸怀大志，又得琅琊王如此信任，自然唯丈夫之命是从。不久，王旷在家中过了年，等开春时，赴寿春上任去了。这是怀帝永

嘉二年（公元308年）的事，羲之已经长到六岁。

羲之一家人的生活没有太大的变化，安东将军府倒有些变化。由于王旷去淮南前做了不少疏通工作，江东大姓虽然还不急于投入司马睿的幕府，但减少了对北方涌来的几位大王的敌视[8]。就王氏本族说，南来的人又增加了，首先是王旷的两个同胞兄弟王廙、王彬侍奉着母亲弃了濮阳太守职务来到建邺。王廙立刻被司马睿任命为安东司马，王彬被任命为扬州刺史刘机的长史。来了祖母、两位叔父和婶母，还有几个和自己年龄差不多的堂兄弟，籍之羲之的生活中更加充满了欢乐。

羲之的二叔父王廙，是个多才多艺的人，他工书法，善绘画，音乐、博弈甚至某些杂伎，无所不能。安东军府幕僚已经配齐了，他这个司马职务不是太忙。在乌衣巷中，他自然与王旷、王彬同居一宅。有一天，听到自己的妻子说，大嫂曾教侄儿羲之在沙盘中习字，自己曾经见过。结体虽然幼稚，笔画却遒劲有力。善书法的人对书法有艺业上的特殊关心，王廙一听，来了兴趣，他亲自去观察了半天羲之的练字，便和母亲一齐去看诸葛夫人，开门见山地说要亲自教两位侄儿的书法。还说："阿羲（诸葛夫人觉得於菟这个乳名太拗口，一直叫他阿羲，全家从此就都用了这个称呼）贤侄，我看他有个特点，习书的时候，神情极为专注。我进了屋子，在他身边站了好一阵儿，他还没有发觉。艺贵精专，我看，在

书艺上，他将来必定大有成就。”

王廙教羲之学书[9]，一上来便采取传统的严格（近于严厉）方法。他用茧纸端正地写好了时行的八分书和新创不久的真书（近称楷书）两种书体，用三吴特产的极薄的竹纸蒙在上面，用镇纸压好，让羲之端坐描写。执笔法就一面教一面纠正，一丝不苟。下笔的方法，他在另一张纸上示范，怎么写横呀，怎么写撇呀……还说：“一笔写下去，不管好看不好看，不能为了求好看再描上一笔……”小羲之认真地听着，最后用兔毫笔写下了他临书的第一幅字。“千里之行，始于足下”，中国历史上被后人尊为书圣的人就这样迈出了他学书的第一步。

五

怀帝永嘉三年（公元 309 年）四月初，王敦以新任扬州刺史的身份到了建邺。他初次谒见琅琊王司马睿时谈到了前年琅琊王换授安东将军并且移镇建邺时面有得色，不厌其详地叙说：开始东海王不以为然，认为下邳是徐州要郡，正好屏障封国东海国，不可离开那里南下。后来经自己恳词陈述，又说找不出合适的人监徐州诸军事……总之事情极不顺利。自己灵机一动，备了一份重礼，去看望东海王妃，裴妃说了话，才促成此事云云。琅琊王深知王敦有时惯于邀功，随口称赞了几句。不久，心腹人刁协、刘隗报来，王敦所说的话不实。据洛京来

人说，他在洛京其实多是忙自己的事情，因此才获得扬州刺史之职。还说此人居心叵测，不可不防。刁协随口说了一句话：“要是王世宏使君任扬州刺史就好了。”

不几天，王敦约王导去自己府第小酌。厅中只有二人对饮，王敦把仆役都打发出去。在扯了一阵闲话之后，忽然说：“大王想让世宏代替我刺扬州呢，可惜晚了一步。”

“大王未必有此意吧，他把世宏放在淮南，说是屏障江左，怎会又调作扬州刺史？莫非有意和你对调？”

王敦笑了笑：“大王无此意，挡不住有人献策啊。不过，我这扬州刺史，一定能当下去。世宏的淮南内史能不能当下去，就看他的本领了。”说完，脸上闪现了那么一丝诡异的笑容。

王导看到了，说：“处仲，你似乎话中有话，莫非听到了世宏的什么信息？”

“我什么也没有听到，茂弘，你既不可乱猜，也不可乱说。”

这年八月，就发生了那离奇的王旷率领淮南兵马，千里迢迢地渡过黄河，孤军深入，北援并州上党的事件。原来，匈奴族早年被移居河东的部落首领刘渊，趁晋朝八王之乱时机，利用矛盾，浑水摸鱼，占据了离石，又出兵抢占并州的要冲地区，居然在晋惠帝永安元年（公元 304 年）自称汉王。永嘉三年，晋朝虽然派了刘琨为

并州刺史，却抵挡不住刘渊的兵马。这年秋天，刘渊部下刘聪率兵攻上党、壶关，刘琨向东海王越告急。不知东海王是何居心，他手中统率几十万大军，离上党又近，却不出兵，下令让远在淮河以南的王旷率兵三万去救上党。王旷这个内史没有加杂号将军衔，本来无权越出郡国边境出兵，当时大郡（国）兵马只有五千，他却不知何处得到三万兵马。总之，他的北援上党，其中蕴藏很多谜。王旷也许没有发觉其中的某种阴谋，也许发觉了，却另有打算，意图立功扬名。总之，他奉命惟谨，带兵由淮河南岸到了黄河南岸，又渡过了黄河。一个劲儿地长驱直入。

他部下有两员大将，一个叫施融，有过战阵经验，劝他："胡兵已经占领了壶关，这一带地势险要。他们要是在山路设伏，就以逸待劳，形势对我军甚是不利……"

"那你说该怎么办?"

"上策是退回河南，凭借大河防守，请东海大王续派援兵……"

王旷极不满意地呵斥他："东海大王是让咱们来救并州的，龟缩到河南，就违反了诏令。你莫非要阻挡兵马前进吗?"

施融不好再说什么，大军逐渐进入险峻的太行山山路。施融对另一员大将曹超说："王使君不会用兵，你我怕不能全身回淮南了。"

事情正如施融所料，他们的兵马到了长平，这里是战国时秦将白起围困赵兵四十万的地方，刘聪设下伏兵，一交锋之下，王旷大败，三万大兵全部覆灭，施融、曹超战死，王旷下落不明，从此他在历史上失踪了。公私史籍，再也不记载他的以后的事迹，既未记他战死，也未记他投降，更未记他逃回了晋朝控制的地区。更奇怪的是，历代史学家竟没有人对他的退出历史舞台追究个水落石出。

当王旷提兵北上时，为了怕老母妻子惦念，便没有派人驰书建邺送个信息。建邺全城，只有三个人知道有这么回事，头一个是王敦。他却装聋作哑，连对王导都没有再谈与王旷有关的事。第二个是琅琊王，东海王有封书信与他，是安东军府送日常禀报扬州军务的一个司马从洛阳捎回来的。东海王的手书十分简略，指示军府要稳住东南局势以外，提到并州上党被围的危机时，只淡淡地写了这么两句："已下军符，敕王旷率淮南国及周馥部众北援，冀退敌解围，以安并州。"他觉得即使需要调动淮南军马，也应该由周馥统率北上，为何调动掌管淮南国政务的内史王旷？此举着实有点启人疑窦，便将书信给王导看了，并问王导的看法。其实王导才是第二个知道王旷可能离开淮南的人。王敦当日吞吞吐吐的暗示，和今日东海大王的手书一对照，他便明白此事必是王敦暗中做了手脚。果真如此，王旷北上便大非吉兆！

他怎敢将实情禀知琅琊王？不痛不痒地敷衍几句，便搪塞了过去。

淮南兵马北援上党，全军覆没，大将阵亡，主帅下落不明的惊人消息终于传到建邺了。王廙是首先从洛阳发向各开府将军的军报中得知此一凶讯的。他略一思量，便直接谒见琅琊王商议此事。他二人来不及探讨东海王何以扯动淮南兵马，首先讨论的乃是王旷安危的问题。琅琊王说："军报说世宏下落不明，有别于施曹二将的战死，用词大有分寸。世宏也许逃出了乱军之中，暂时躲藏在什么地方。只要他能够回来，我调他来任安东长史。如今兵败于外，失城失地的人多了，朝廷不会对他有什么处分。"

王廙的心情平静了一些，他初看到"全军覆没"的军报时，以为阿哥凶多吉少了。这时，又生出了几分希望。他对琅琊王说："慈亲和阿嫂那里，是不是告诉她们呢？"

"事情还不分明，暂时不必告诉她们。"

"只怕这事由旁人说出，传入她们耳中，谣言是最容易使人相信的。"

"好，我让刁协传下令去，军府的人一律不准议论此事。"

想不到，乌氏巷王氏聚居的府中，不几天，这个消息已经传遍各房了。诸葛氏一下子哭得病倒了，王廙妻

子服侍着她，又着人禀知婆母，幸而夏侯夫人还很坚强，她赶紧派人去安东军府唤回王廙来。陪着夏侯夫人一起去看诸葛氏。但见诸葛氏两眼哭得肿了起来，籍之、羲之也坐在她床头垂泪。王廙之妻不明事情的真相，劝了一阵，已经无话可说。

王廙把头两天从军府中得到的消息，隐瞒了“全军覆没”四字，述说了一遍，又把琅琊王说过的话告知诸葛氏，乘机劝她不可过于悲伤，静观几天，也许有好消息到来。谁知诸葛夫人说出了一句令他大吃一惊的话：“有人说，阿籍他爷投降胡奴了。”

“谁说的？”夏侯太夫人也沉不住气了。

王廙妻子说：“是从大房里传出来的，阿悦她娘不止到一家说过这件事，还说他家茂弘早就得知消息了，不过不便说出来。”阿悦他娘，是王导的妻子曹氏。她是全族中有名的长舌妇，专门传播一些不知从哪里得来的消息。这一点连王导也管不住她。

“她说的话也算数？”王廙松了一口气。可是太夫人摇了摇头：“那人既然敢抬出阿龙[10]来，这种话必有来历，非得弄清楚不可……”

“来历，我打听清楚了。”王彬在人们未注意时进了屋。这时他先向母亲行了礼，又对王廙说：“说大哥投降胡儿的谣言，是阿黑造出来的。他先对扬州刺史府几个人说出了这件事，让他们秘密散布，其中一个人是前刺

史刘机府君的心腹，便告诉了我，还说据阿黑说，阿龙也早知道这个谣言。我看该找他们两人质问。”

太夫人想了一下说：“且慢，看来因为咱们四房和大王是亲眷，有人不服气了，要趁机败坏咱们的名誉。阿彬，我且问你，说阿旷投降胡儿，可有根据?”

“没有，刺史衙署来往的公文我查了一遍，只说阿哥下落不明，没有别的说法。”

王廙接着说：“洛阳向安东军府来的公私文书孩儿也全查阅过，结果和三弟说的一样。”

太夫人说：“那就好，阿讷先去大王处说我四房有要事谒见，在那里等着。阿彬备辆车，我和你大嫂连同两个孩儿一齐去，你骑马跟着。”

王导在私宅听说四房几乎全部外出，这是一向罕见的事，派出仆人打探，又道是他们去了琅琊王府。他略一思索便明白是为了何事。自己妻子散布王旷的事，虽非由他唆使，至少也是有意纵容的。他觉得事情发展到了这个地步，对自己甚是不利，身为族长，大王追查起来，自己又不能像王敦那样必要时耍无赖。一时焦躁，把曹氏叫来问。曹氏说：“这等事，是听你说的，我就顺便说了。莫非你说的话还有什么见不得人的?”话不投机，二人差一点就要吵起来。

门丁来报，司直刘隗郎君求见。王导知道，刘隗与刁协正得琅琊王信任，便站在厅堂檐下相候。进入客厅，

分宾主坐下以后，刘隗直陈来意：大王召见，须得立刻动身。王导要换官服，刘隗笑说不必了，大王正在等着，催着动身。到了王府，王导见大门外拴着三匹马，其中一匹是王敦的坐骑。心中一愣，赶紧想如果大王问起王旷的事，自己怎样应付，能说出王敦曾向自己暗示王旷将离开淮南，还有他言之凿凿地说王旷投降了刘聪这样的话吗？

这一次琅琊王召见王导王敦的事，因为地点在王府，事前刁协、刘隗分别传王爷令，召见他二人，军府幕僚多不知有此事。刁、刘二人并未参与琅琊王与他二人的谈话。大约一个时辰以后，仍由王彬护送母亲、长嫂、侄儿回乌衣巷府第。王廙、王导、王敦各自单独回家。当晚，王导破开脸训斥了曹氏一顿。次日，曹氏串遍了乌衣巷王氏各房，到处替王旷辟谣，说什么王氏是名门望族，世宏大哥岂能投降胡儿？言里言外之意是：不知何人嫉妒咱们琅琊王氏一族，特地造谣陷害的，阿悦他爷早就不相信这话。她前后态度大变，族中妯娌有的感到愕然，有的听说四房里夏侯太夫人和阿籍她娘昨日去了琅琊王府，细想前因后果，若有所悟，并且暗暗称快，因为这位大房里的曹夫人平日以扯老婆舌头著名于全族，大家既畏惧她，又嫌恶她，巴不得她有朝一日出出丑。

与曹夫人异曲同工的是王敦，他从王府出来，一回到扬州刺史公府，立刻秘密传来他秘密授意暗中吹风的

四个幕僚，一开口就斥责他们不该妄传恶毒攻击王旷使君的谣言，说造谣的人别有用心，自己早就识破其伎俩云云。他责成四人在刺史府中辟谣；“以后扬州属下大小衙署再有这等谣言出现，惟你四人是问。”次日，他突然害了病，将扬州一干公事由长史全权署理，躲在家中不出门。一个多月之后他才病愈治事。

曹氏的辟谣大见功效之后，一天，王导和曹氏来到四房住处。参见了夏侯夫人，又一同约了王廙之妻去看诸葛夫人。作为族长，王导问了一下四房生活可有困难？打了几句官腔之后，他对诸葛夫人说：“听说吾菟贤侄开始习书了，我想看看他写的字。”诸葛夫人命羲之取来几十张近日习书的窗课来，王导竟是看一张称赞一次。等都看完了，他对诸葛夫人说：“我王氏素常被人称为翰墨世家，我看贤侄年龄虽小，却出手不凡，大有传业之才，啊，世传祖业之才。”说着，从大袖中取出一个小包，解开层层包裹的素绢，露出一卷字帖。他郑重地说：“这是前朝钟太傅《宣示帖》的真迹，过江的路上我藏在衣带里带来了。我如今就传与你。贤侄，长大了好好临摹它吧。”说完，便与曹氏一同告辞了。

① 笔者遍查唐代以前记载，查不出羲之的母亲姓什么。清代某《王氏族谱》误解古书，谓为姓卫，无据，由于当时琅琊名门首推王葛二氏〈见《世说新语》〉，笔

者杜撰，定羲之母为诸葛夫人。

② 胡昭，字孔明，三国时人，有名的书法家。庾信《哀江南赋》说：“河南有胡书之碣。”可见他善书碑，他早年在冀州住过，濮阳属冀州。

③ 清代称同姓王为王爷，大家早已耳熟能详了。晋代人却称之为大王。

④ 据金代立的《集柳碑》〈当地人称《琅琊碑》〉记载，王羲之的家，所在地即今山东临沂城内的《王羲之故居》那个位置。

⑤ 本书所涉及的惠帝、怀帝、元帝、明帝等都是死后的谥号。

⑥ 王导，字茂弘；王敦，字处仲；王旷，字世宏。

⑦ 当时扬州下面管辖十郡，在长江以南的有丹阳、宣城、毗陵、吴郡、吴兴、会稽、东阳新安、临海八郡。长江以北有淮南、庐江两郡。因此，安东将军不能统率江北二郡的兵马。

⑧ 永嘉以后司马氏同姓王南下渡江的除琅琊王司马睿以外，还有西阳王司马羕、南顿王司马宗、汝南王司马祐、彭城王司马雄，故当时有“五马浮渡江，一马化为龙”的民谣。

⑨ 据伪托刘宋朝羊欣所撰的《笔阵图》说，王羲之七岁学书。此《笔阵图》多处与王羲之生平历史不合，其说不可信。南齐王僧虔《论书》：“王平南廙是右军叔，

自过江来……画为晋明帝师，书为右军法。”萧梁庾肩吾《书品论》：“王廙为右军之师。”又说羲之六七岁学书。王廙于羲之六岁时到建邺，书法世家子弟学书不宜过晚，故定为六岁学书。

⑩ 王导乳名阿龙，王敦乳名阿黑。

骨鲠郎君婚宦情

一

怀帝永嘉六年（公元312年），羲之十岁了，这一年发生了影响他一生的一件大事。只是在当时，他以为是一件平平常常的事，并未认识到或者意识到这乃是一件大事。

上一年，琅琊王司马睿被封为镇东大将军。当时位为大将军又开府（设将军府）者，是一品官，军权更重，幕僚比安东将军时代自然要增加不少。王旷，仍旧没有消息，但是司马睿对王廙、王彬逐渐重用。王彬较年轻，任王府典兵参军。王廙在镇东大将军府任冠军将军。从此他二人公务一天忙似一天。本来，王廙亲自教籍之、羲之二人读书习字的。如今，渐渐地时间被公务占去，时不时地两三天也不来书房一次。自从王旷失踪之后，诸葛夫人有一阵子哀痛异常，好似全无

生趣。是婆母劝她，夫君出了事，还有两个孩儿，无论如何，也要把他们带大，不坠家声，这样才不至于使别人轻视四房。如今，她已经把整个心力放在教养两个儿子身上了。看到王廙实在兼顾不过来，她对王廙说，能不能请个人代教？只要是中原过江的士族就行。王廙想了想，答应了。

一天，王廙回家，先去跟诸葛夫人谈了几句话，就来书房找羲之。他说："把你近几天写的字带上几张，我要带你去见一个人。"

"见什么人哪，阿叔？"

"去见卫夫人，是我特地请她教你习书的，她的字可比我写的好得多了。你要好好跟她学，将来说不定在我之上呢。"

王廙带着羲之乘坐牛车在建邺城街巷中左曲右折地走，羲之第一次见识了这座大城，不过，对于见到的形形色色的人并不太感到好奇。自从那次阿爷的事给全家带来一场风波之后，母亲不断地跟他与籍之讲说好好上进，扬名声、显父母，重振家声的话。小小的年纪，心灵上承受了过重的负担，使他的性格变得内向。沉默寡言，只是认真读书，同年龄孩子喜欢的嬉戏他全不参加。后来族中不知哪个阿叔说他性格骨鲠。他不太明白骨鲠是什么意思，也不把旁人的议论放在心上。现在，他只是在猜想这位字写得比叔叔还好的夫人是个什么样的人。

这位夫人原来比自己母亲年龄还大呢。却不知为何，刚一接触，羲之就喜欢她那慈祥的模样。只见，二叔似乎跟她论起什么张芝、钟繇来了，话一直说不完。羲之便大胆地周览起夫人待客的这间屋子来。其实，除了案头书砚和靠墙书架上的书卷之外，屋里没有过多的东西……忽然他目光一亮，因为他看到西壁上悬挂着一幅字，纸是淡黑色的，字迹却是白色的。在临摹过《宣示帖》之后，羲之不知不觉中提高了对书法的审美能力。因此，他突然感到犹如被魔法迷醉了一样，产生了片刻的眩晕。他目瞪口呆地望着那幅字，就像人们说的如醉如痴。以致偶然看了他一眼的卫夫人停下了谈话，走向前来问他："你见过这幅字？"

王羲之从专注的精神状态中解脱出来，但那种美感仍在他脑中起着作用，以至于他不想说话，只摇了摇头。

"这是蔡中郎的《石经三体书》，我从洛阳拓了来的。你喜欢它吗？"

这回羲之点了点头。

"告诉我，你临习的是哪一体啊？"

"是钟太傅的《宣示帖》。"

"啊，是极难得的佳帖，闻其名久矣，只是听说原帖久已绝迹人间，你从哪儿得到的？"

王廙插了一句话："是茂宏兄珍藏于衣带之中带过江来，见羲侄有习书的天赋，特地赠予他的。"

“你喜欢那《宣示帖》吗？”卫夫人对这年方十岁的少年感到了兴趣。

“喜欢。”羲之的话还是不多。他不是不愿意回答卫夫人的话，而是对这位夫人产生了一种崇敬感，觉得这番对话是十分庄严的。

夫人转身对王廙说：“小小年纪就懂得喜欢钟太傅的墨宝，令侄看来和书法有缘。过一天你再带他来，选几张他临写的字给我看看。”

“字，带来了。”羲之打开一个小小的素绢包，取出一叠字来，双手捧了呈送与卫夫人。接过来，夫人十分认真地一幅幅看过。看完后，她对王廙说：“令侄大是可造之才，我愿意把多年临池心得倾囊传授与他。说不定他将来的成就要在你我之上呢[①]。他年纪小，不便到我这里来。从明天起，每隔三天我去乌衣巷一次。到那里我谁也不见，只教这小郎君习字，请告知令兄王茂弘，不必特意去看我。”

次日，卫夫人如约来教羲之书法。王廙在回来的路上已经向他介绍了夫人的身世。她的家庭是书法世家，她哥哥卫展、族兄卫恒，都善书法，卫恒善草隶书[②]，著有《四体书势》，卫恒的父亲卫瓘善草书，人称他的草书得名书法家张芝的“筋”。卫夫人名铄、字茂猗，是江州刺史李矩的妻子。听了这些，羲之对卫夫人更加尊重了。他专心致志地听夫人讲解要领。这回，他不那么沉默寡

言了，听不明白的地方就问。他的问题，常常是夫人多年作书。独有妙悟之处，因此夫人更加以为自己得了一个不平凡的入室传业弟子。四房中，羲之的哥哥籍之，王廙的长子颐之耳闻卫夫人之名，都想让夫人一同教他们。卫夫人没有答应。

从此以后，羲之的生活可以说是改变了，也可以说是没有改变。说没有改变，是指生活中一时没有大的波澜，平静如止水。说是改变了，是说在没有人知觉、也可以说没有人注意的情况下，中国古代最伟大的书法家，开始了他向艺术高峰默默的起步，而这个日子是应该在中国书法史上大书一笔的。

二

随着羲之一天天地长大，江东的局势也在变化之中。琅琊王司马睿托了南渡在建邺建立军府的福，在中原大乱的永嘉后期，升了官，管辖的地区大起来了。永嘉六年（公元312年），京都洛阳被刘聪的兵马攻陷，晋怀帝被俘北去，后来被谥为愍帝的司马邺在长安称帝。为了使江东承认他，下诏以镇东大将军司马睿为左丞相、大都督、督陕东诸军事，领所部兵马去收复洛阳。去惹攻占了洛阳的刘聪，这种事，琅琊王是断断不肯干的，他却借了左丞相的身份去加强他在江东的地位。他聘用吴郡大姓顾荣为军司马，贺循为吴国内史，纪瞻为军咨祭

酒，卞壶为从事中郎，周玘为仓曹属。稳定住扬州之后，又利用王敦、甘卓、纪瞻等人的兵马，平定了先后“作乱”的钱琀、周馥、华轶，杜弢、王如，势力扩充到荆州一带，并且使他治下的地区成为举国大乱中最安定的地区，不断又有中原士族渡江来投奔他。王旷，渐渐被他淡忘了，决策南渡剩下的两个人，王敦和王导，一武一文，成为他的左右手。

人情冷暖，世态炎凉，在一个大家族内部表现得也很明显。王导、王敦地位的上升，在乌衣巷这个小天地里非常敏感地反映出来。其他各房，对四房中的王廙、王彬，还保持着三分尊敬，对诸葛夫人就十分冷淡了。籍之，因为快要到出仕的年龄，而且王廙又正谋求给他联姻高门。他每次见到母亲暗中伤心时，便以此安慰母亲，说出仕后怎样重振家声，给阿爷争一口气。羲之却不像他这样，只是在习业之余，一直留在母亲身边，十分体贴地帮她作些琐事。他们二人似乎心意相通了，有时阴影刚一罩上诸葛夫人的脸，他便依偎过去，请母亲给他谈一谈阿爷的事。谈过之后，诸葛夫人的郁结心情便舒缓一些。他们母子二人还有一个共同的特点。诸葛夫人最讨厌长房里的曹氏夫人，常是避道而行。羲之呢，每逢遇到王导，从不主动上前打招呼。王导问他什么，总是用简短的一两句话应付过去。于是族中又传出一种说法：“逸少不慧，言语涩讷。”不久，籍之经王廙推荐，

出任琅琊王世子文学，家中便只有羲之陪伴母亲。这一年是愍帝建兴三年（公元 315 年），羲之已是十三岁了。

一天早上，诸葛夫人对羲之说：“你二叔要你陪他去见一位父执。他家一向宾客众多，莫要妄言，失了礼数。”

“这个人是谁呀，二叔为何要孩儿陪着去？”

“听说是周伯仁长史，他专诚邀你去的。”

在路上，王廙告诉羲之要去看望的这个人，名叫周顗。又低声嘱咐：“他是过江的名门，年轻时就袭爵为武城侯，不过你只喊他周伯伯便是。他和咱家是世交，并且特地对我说带你同去，颐儿籍儿都要去，让我拦下了。他要是问你什么话，只管大声回答就是。不过，他爱喝酒，喝醉了喜欢骂人，说话也不大检点。你记着，一看他大杯喝酒，话越来越多时，看我的眼色，咱们赶紧告辞。”

果然，这一天周顗家里的客人还真不少。王廙一边同这些人寒暄，一边低声告诉羲之：这是刁长史，这是刘司直，这是戴祭酒，这是张参军，这是桓舍人……人太多了，羲之记不得那么多，只管点头。但他却发现了，除了刁长史和刘司直曾经对自己点头微笑外，其余的人，仿佛没有看见叔父身边有自己这么个人似的。虽然有母亲嘱咐，他的骨鲠劲儿上来了，对这些人也冷然相看，没有向前去执后辈之礼。

谁知这个情况被作为主人的周颉看到了，他本来正在与王导高谈阔论，突然，从坐榻上一跃而起，大步向前，拉着羲之的手说：“啊，啊，你就是王氏三少当中的逸少郎君？好，小小年纪，风度如此清远端凝，将来必定是我辈中人，我辈中人！”也不等羲之回答，招手令仆人在自己身边设了个胡床，拉羲之坐下，也不管王廙在何处落座，扭头对着王导说：“那个阮主簿称赞的贵府三年少，今天有幸见全了。依我看嘛，你家的阿悦，自然可以和逸少比肩。那个阿应呢，就远远比不上他二人了，你说是吗。”

王导对周颉的破格迎接羲之，本来不以为然。但是，如今他又赞美了自己的爱子王悦，就不好说他的话不对。这个处世圆滑的人，只淡淡地微笑了那么一下，不予置评。

午时前后，筵席摆好了。原来，周颉是宴请过江诸名士的。王导推说有事，先告辞走了。羲之不知道周颉是否还有话对自己说，又见王廙已然坦然入席，便觅了一排长案中最后一个座位坐了。这座位，当时称为末座。

一开宴，周颉便频频与人赌酒，似乎忘记了羲之，绝不向末座一顾，以致羲之以为他专门约自己相见，就是为了说出刚见面时那几句话。又陪着坐了一会儿，菜一道又一道地上来。人家举箸他举箸，人家饮酒他端坐，吃得并不多。他在想，如今大约到了叔父说的借个机会

告辞的时机了。他远远地看叔父，王廙似乎丝毫没有要离座的样子。他于是只好机械地跟着大人停半天吃一口菜——地道的“敬陪末座”。

忽然，周家的庖人，用当时颇为珍贵的一个青瓷深盘盛了一道菜送上桌来。在家中多蔬食少肉食的羲之远远地就闻到了肉香。但是，他并没有为这一道珍肴所动，只设法隔座去捕捉叔父的眼神，准备他一离座自己便也离座。周顗见这一味菜上来，停住了整杯的灌酒，向大家作了一个夸张的手势，然后说道：“牛心炙是洛京名肴，听说建康[3]城中无人会治此肴。舍下这个庖人是洛京人，今天特以久已不尝的美味敬献贵宾。”说完，亲自操刀切了一脔，离开主人之位。席上众宾客都熟悉洛京的规矩，这般名贵的菜必须由主人切割分送，并且头一块必须送与最尊贵的客人。现在，众目睽睽，且看谁是那享受荣耀的贵宾。

周顗一直走到末座，把这块牛心炙，放在了羲之面前盘中。羲之并不懂得这个规矩，然而也明白了这是主人敬重自己。只是，事起突然，不知如何应付，只能呆呆地目送主人。在座诸人，被周顗这个石破天惊的举动震动了，不由得交头接耳、窃窃私语起来。

周顗回到主座，先引满一杯，大口喝下，然后豪爽地说：“诸位一定以为我周伯仁今日做事颠倒了。席上群彦毕至，为什么倒把这头一脔牛心炙敬与了这位少年？

少安毋躁，听我一言。我早年在洛京时便与王世宏、王处仲、王茂弘三君交厚。永嘉三年，听说世宏因为在上党之战中失机，下落不明，至今历时六年，料想大家已然忘记他了。我倒以为他敢于提孤军、履危地，虽然其事无成，不失为当世豪杰。渡江南来以后，闻听他家门庭冷落，受到世俗白眼相加，窃有所不平。后来又听说他这位小郎君宠辱不惊，闭户养亲。今天一见，真是吉人寡言，大智若愚，因此深为世宏有后而庆幸。刚才送炙，便也算是一点故人之情。各位如果以我之言为然，请共饮一杯。”说罢，举杯邀客。大约一半的客人与他对饮了，另一半举起酒杯作了个虚式子，却不饮杯中之酒。

王羲之也被周顗之言所震动，正在思索他为何要提起阿爷的事，王廙站起来向普席拱了拱手说：“下官有些私务，不能终席了，谢谢主人。”王羲之立刻跟着站起，遥向周顗深深一揖，随着王廙走了。

回到家中，王廙没有多说什么，只对诸葛夫人说了一句：“阿嫂，周家都是念旧的人，很看得起咱们四房，仗义执言，对阿龙和二房的阿黑倒有些不满意的话。我看，籍儿的亲事可以做得。”羲之感到有些奇怪，阿哥的亲事？什么亲事，又与这位周伯伯有何干系？他还没有来得及问母亲，诸葛夫人却详详细细地问起从初进周府到他们中途退席的情况来。羲之一一如实地说了，他不但能复述周顗的原话，连他那豪迈不羁的性格也摹述了

出来。诸葛夫人聚精会神地听着，当她听到“提孤军、履危地”那几句话时，不由得流下泪来，像是喃喃自语：“可见得人世间还是有说公道话的。”

完全听完了羲之的话，她沉默着，眉峰微蹙，似乎在想着很重要的心事。羲之按捺住好奇心，好久好久，他才小心地问起二叔说的做亲不做亲的事。诸葛夫人说：“孩儿，我不是有事要瞒着你，怕事情不成，万一传出去，又有流言说三道四。不错，有人与你大哥提亲事，提的便是这位周伯伯二弟周嵩的女儿。我虽然早年听你阿爷说过周伯仁的为人，可如今咱们家道不如你阿爷任郡守的时候，谁知道周家怎样看咱们。如今，我放心了……”

“照二叔说的办吗？”羲之仰着脸问。

“照你二叔说的办。”诸葛夫人坚定地说。接着又叹了一口气：“可惜你祖母已经不在世了。她老人家要是知道咱们熬出了头，该多么高兴啊，她虽然最疼爱你三叔，可总是说你阿爷才是能够光大咱四房中门户之人。”

想起了慈爱的祖母在那次琅琊王府的“三曹对案”中侃侃而谈，驳得王敦无所遁形，不得不承认说阿爷投降胡儿的谣言确实出自扬州刺史府时，羲之不禁流下了眼泪。他说：“要是祖母不去世，族长也不敢欺侮咱们。”

诸葛夫人摇了摇头：“欺侮咱们呢，他王导倒不是那样的人。不过，一年多以来有意冷落咱们罢了。所以我

日常教导你，他的官做得再大，也不要求他荐举。”

“孩儿早已记牢娘的话了，宁可一生不出仕，也决不接受他的荐举。”

三

北方又一次发生了动乱，就像上次怀帝被俘北去一样，带给江东的倒是一片喜庆的景象。

愍帝建兴四年（公元316年），建立在长安的小朝廷又被匈奴人建立的前赵灭掉。刘聪部下刘曜俘虏了晋愍帝。在淮河以北的晋朝力量，虽然还有并州刺史刘琨、幽州刺史段匹磾、冀州刺史邵续、兖州刺史刘演、镇北将军刘翰、东夷校尉崔毖等人，但是他们在前赵军队的攻击之下，宛如大海中的几个孤岛，不能联合起来共同对付了。何况，司马氏同姓王，被杀的被杀，被俘的被俘，一个也没有剩下。在那个时代，在王朝皇帝被俘之后，地方势力必须找一个同姓王，拥立为皇帝，才可以号召天下。北方的司马氏，既然没有了可以拥立之人，一班子不忘旧王朝的人，和想立新皇帝自己乘机混上个“功臣”美名的人，就一齐把目光转向了江左地区。

历史上那一则“五马浮渡江，一马化为龙”的有名的民谣，到底是在司马睿刚渡江时就出现了的、还是他做了皇帝之后手下人制造出来以表示他本来就是真龙天子的，如今可是实在无法考证了。不过，有一个情况，

在当时来说却是无可争议的。那就是，永嘉南渡的五位同姓大王之中，只有琅琊王司马睿是个名实兼备的最有实权的人。从“必也正名乎”的角度看，第一，他是袭封三世的琅琊王。第二，他被封为丞相，应该总统文官。第三，他不但被封了武官最高衔的开府大将军，又加上督陕东诸军事。当时陕县、弘农以西的雍、凉、梁、益等州，或被前赵占去，或为成国李氏割据，早已没有晋朝的军队了，督陕东诸军事实际上等于都督天下兵马。而从实际情况看，当时大江以南的荆、扬、交、广四州，全在他兵力控制之下，江北的青、兖、司、徐四州零星晋国兵马，只有拥护他这个“天下共主”。所以，拥戴琅琊王司马睿称帝的事，首先在镇东大将军府、丞相府和扬州刺史府的高级幕僚中，很快地酝酿成熟了。

第一次“劝进”，在愍帝建兴五年（公元 317 年）三月，促成的因素是弘农太守宋哲到了建康，他自称当愍帝被刘曜俘虏之前，派一个小宫监带了亲交琅琊王的密诏逃出皇宫、辗转地到了弘农，自己乃是来送诏书的。司马睿集合幕僚，宣读诏书，其中至关重要的几句话是：“朕今幽塞穷域，忧虑万端。恐一旦崩溃。卿指诣丞相，具宣朕意，使摄万机。时据旧都，修复陵庙，以雪大耻。”诏书内容，似乎有可疑的地方，譬如这个“指诣丞相”的卿，到底是谁呢？愍帝在围城将破之际写诏书，不能预料到小太监会跑到了弘农，显然不是指宋哲了，

当然，更不可能指那个小太监。也有有识之士以为宋哲有伪造诏书之嫌。但在这种时机，谁敢说败兴的话？接诏以后，琅琊王立刻换上素服，举哀三天。

三天以后，众幕僚以为遵诏“摄万机”应该开始了，于是以西阳王羕和王导为首，到丞相府劝司马睿称帝、改元、大赦天下。至于“时据旧都、修复陵墓”什么的，那是以后的事，目前可以不必考虑。谁知这位“众望所归”的琅琊大王忒也怪。他一口咬定自己“德薄才鲜”不宜为帝。任凭王导口若悬河，一会儿举《孝经》的“天子之孝”，一会儿举《春秋·公羊传》的天下大一统之说，他可就是不点头。逼得急了时，便说自己要回琅琊封国去当琅琊王了。众人一筹莫展之中，刁协看出了苗头。他说：“如今愍帝陛下虽然被俘，人还在。既然大王暂不宜即帝位，但万机不可不摄。最好暂称晋王以号召天下。”这个折中的建议，司马睿接受了。于是当即改元为建武元年，大赦天下，并且仿照朝廷的规模提升了晋王府的主要官员。其中以王导、王敦最为得意，王导领中书监、录尚书事，还都督中外诸军事。王敦升为大将军、江州（这是分荆州，扬州各一部分郡县新设的一个州）牧。

第二年，改元为大兴元年（公元318年），又大赦天下。这是因为愍帝已经在并州平阳被刘聪杀了，做皇帝有了充分的理由，所以当部下再一次“劝进”时，司马

睿用不着三辞四请，只虚让了那么一让，便由晋王幕僚制定礼仪，像模像样地做了皇帝。这便是东晋的开国皇帝，被史学家称之为元帝的只做了五年皇帝的人。

这次，又大封功臣了。受封人数之多，赏赐的优厚，西晋开国之初怕也比不上。于是，建康城内，夸官、祝贺的人，奔走若狂，真个是“王侯第宅多新主，文武衣冠异昔时。”谁料想，一片狂欢气氛之中，偏偏有个众醉独醒的人不以为然。他以为胡寇未灭，即位太早了一些，四海困穷，赏赐又太丰了一些。此人就是王籍之的岳父周嵩。他毅然上疏说：“今梓宫未返，旧京未清。义夫泣血，士女震动；宜深明周公之道，先雪社稷大耻……然后揖让以谢天下，谁敢不应，谁敢不从！”意思是，打败了刘聪再做皇帝不迟。周嵩的戆直，首先得罪了皇帝，他被贬为新安太守，又被新贵侍中戴逵乘机奏了一本，要不是因为他哥哥周顗的关系，几乎以大不敬的罪名弃市。

王氏四房，一边受恩宠，一边受冷落，大异其趣。王廙本来在荆州为官，只因为上了一篇《中兴颂》，善颂善祷，不同于周嵩的唱反调，被调回朝中，加辅国将军、散骑常侍。诸葛夫人曾因为有大赦令，托王彬问一下，王旷是不是属于赦免的范围。王彬回她的话：“吏部说了，有罪的官民才谈得上赦免，世宏阿哥什么罪也没有，就不在大赦范围之内了。”诸葛夫人这一问，意在证明王

旷的清白，吏部官员既然作了正面的回答，她也如了自己的心愿。她仍然是闭门课子。籍之调到荆州一个只有七县的山区小郡任太守，还是王廙任荆州刺史时奏调过去的。如今王廙调回建康，他却没有调回来，夫人就只与羲之二人相依为命。卫夫人早已随着儿子李充离开了建康。她临走时向王廙这样评价羲之：“此子书艺将来必超过你我。”羲之已经十六岁了。琅琊王氏家族和太原王氏家族，这时成为江左侨姓第一高门。羲之如果有人推荐，已经到了可以出仕的年龄。王导仍然以中书监录尚书事，又升任骠骑大将军，是朝里最有实权的丞相。他已推荐——当然，假手别人——自己的长子王悦出任太子洗马。但是，他似乎忘记了与王悦并称的羲之出仕的事。王廙回到建康后，几次向诸葛夫人表示，要与王导商谈一下，羲之以何官起家④。夫人早和羲之谈过，决不由王导推荐走上仕途。只因为王廙也正是春风得意，虽然同属四房的人，体会不到羲之那孤儿寡母受冷落的况味，不好同他实话实说，只用“孩儿还小哩”这话推挡过去。

羲之虽然仍以闭户读书同时练习书法为要务⑤，但是经由了王敦主簿阮裕和周颢两番揄扬之后，在金陵大姓子弟中，已经小有名气。他和周颢之子周子骞常相往来切磋书艺，以至于有一次王敦从武昌回到建康，在乌衣巷府第中碰上了羲之，也不得不称赞一句：“汝是我佳子

弟，当不减阮主簿。”羲之只瞪着眼望他，什么也没有回答。

四

羲之过了三年多平淡无奇的读书养亲的日子。他没有察觉自己的学识实际上在苦读中增长、累积得深厚起来。永昌元年（公元 322 年），他已满 20 岁了，还没有出仕，他仍然安于眼下恬静与淡泊的生活，不急于出仕。但是一个突然的事件把他卷了进去，使他第一次认真思考自己这个显赫家族在东晋王朝中的地位，以及他、母亲在这个涉及整个家族的大事变中应该如何决定自身的地位。

且说王敦与王导，在琅琊王称帝的事件中出尽了风头，也享尽了荣耀。当元帝第一天登上皇帝宝座时，甚至于要拉着王导一同就座，以至于民间有了“王与马共天下”的谣谚。王敦除了仍任大将军外，还任江州牧。晋承汉魏的政治制度，州一级的最高长官为刺史。可是东汉末年天下大乱，为了加重刺史的权力，冲要地位的州，改刺史为州牧，从而造成了一时军阀割据的局面。元帝任命王敦为州牧，乃是不得已情况之下的一种安抚手段，因为王敦手握重兵，而元帝又发现了此人大有野心，只得以高爵厚禄先稳住他。然而，暗中却在筹划对付他的办法了。向元帝指出这个问题并且帮助设法对付

王敦的是新封镇北将军、都督青、徐幽、平四州军事的刘隗和尚书令刁协。刘隗提出了用心腹大臣镇守要害之地的办法。元帝听从了，用谯王司马承为湘州刺史，用戴渊为都督司、兖、豫、并、雍、冀六州诸军事，征西将军。既然为了对付王敦，对王导也不可不防。刘戴二人都督十州诸军事之后，加王导为司徒，依然是中书监，录尚书事，可是把都督中外诸军事的头衔裁了去，实际上剥夺了他的军权。王敦何等敏感，得知这消息后，他先写封书信威胁刘隗："今大贼未灭，中原鼎沸，欲与足下周生之徒戮力王室，共静海内。若其泰也，则帝祚于是乎隆，若其否也，则天下永无望矣"。末两句的意思是，要北定中原，还须用我王敦。对我好呢，皇帝的位子是稳的。对我不好呢，平定天下永远没有希望了。刘隗回了他一封大家心照不宣、实为绵里藏针的信："鱼相忘于江湖，人相忘于道术（咱们道不同不相为谋）。竭股肱之力，效之以忠贞，吾之志也。"意思是宁可死，也跟你干到底。

威胁不成，王敦就在因为皇太子生子而改元大赦，赦诏刚颁布十三天的永昌元年正月，先从武昌上疏论刘隗之罪，接着自己统率大军乘战船顺流而下。六天之后到了芜湖，部署了沈充为大都督，进兵建康。又再上一疏，这一次有罪的人多了一个，是刁协。进兵之前，是否通知了王导，不得而知，但却秘密通知他的亲哥哥王

含。王含偷了一只小船，溯江而上，到芜湖投王敦去了。

留在建康的王导，处境可就尴尬了。王敦这一举动，事先他并非不知道，但是他在朝中为第一文官，他不愿意舍下它去随着王敦冒险。又因为王敦上的奏疏中把晋元帝比作太甲，把自己比作辅导太甲为王的伊尹，惹怒了晋元帝，命令刁协起草诏书声讨王敦，其中有这么几句话："王敦凭恃宠灵，敢肆狂逆，方朕太甲，欲作幽囚[⑥]。是可忍也，孰不可忍！今亲率六军以讨大逆，有杀敦者，封五千户侯。"这显然把王敦当成叛逆对待。自己平日与王敦的关系亲近，无人不知。如今事关全族安危，自己是族长，怎样对待此事？实在为难。

他在家中绕室彷徨，苦苦想了一阵，居然想出了一个办法。他立刻召集族中男子王廙、王邃、王侃、王彬和下一代的子侄门共20余人，表示王敦起兵犯阙，朝廷已经下诏征讨。谋反之事，全族都要受到牵连。唯一的办法，是全族到台中[⑦]待罪，听候处分，也许可以受到赦免云云。当时王廙缺少应变之才，被王导一席话吓住了，没说什么。王彬却甚为耿直，他心想，谁不知道我们四房一向与二房的王含王敦不睦，又与皇帝有姨表之亲，岂能与王敦混为一谈，便大声质问："阿黑反叛，我们又没有参与，为什么要去待罪？"

王导苦着脸说："唉，分辨不清，一时分辨不清哪。只好权且待罪，听凭陛下发落……"

王廙劝王彬，眼下且去台省，等请托个熟人去见陛下，申诉此事便了。王羲之本来和三叔一样想法，听了二叔的话，也就没有说什么。于是一行人不敢乘车，步行到了台城门口，每人头上套一根索子，低着头，作一堆站了。

尚书、中书、门下三省的衙署都在台城内，出出进进的人很多，都以诧异的眼光看这一群人。王导分明看见刁协进入台城，只因为他和王敦一直认为刁协和刘隗设法离间晋元帝和他们二人的关系，两下里互相仇视。王敦公然提出这次起兵是要清除皇帝身边的两个奸臣刁协和刘隗的，王导焉敢托他向皇帝求情。忽然，他心中一喜，原来不注意间，周𫖮到了眼前。

周𫖮停下步，仔细打量了一下人群。忽然他的目光落在略低了头站在人后的王羲之身上，愕然地问道："你们这是在做什么？"

羲之闻声抬头，一看是周𫖮在问他，便委委屈屈地说："全族随着叔父在这里待罪哩。"

"待罪？你小小年纪，从来就不和那王敦往来，待的什么罪？"

王导赶紧接过话头："伯仁兄，你既然知道寒族诸人没有和叛臣通谋，就请奏知陛下。全族内外百口，有累你了。"周𫖮听了并不作答，只横了他一眼便转身走了。王导怀着忐忑不安而又有所期待的心情等待着。仲春二

月，江南还春寒料峭，他却频频出汗，不住手地用帕子拭揩。大约一个时辰之后，周顗从台城出来了。他毫不理睬王导投来那询问的眼光，却对随同他出来的一个小吏说："不久平定了那贼奴，一定能取得一个斗大的金印，系在肘后，让那些不识时务的庸奴看一看。"带着大为得意的表情，自顾走了。

王导心中一沉，他觉得赦罪的希望一下子消失了。看这周伯仁得意扬扬的样子，一定在陛下面前说了我不少坏话，而且似乎有诏书要收系我们这一群人了。不过，他二弟与四房里的籍之结了亲，看来羲之这一房不要紧，只是自己这一房怎么办呢……悔恨，失望，加上长时间的站立，使这个年近五旬、平素安富尊荣惯了的人体力支持不住了。他只觉得身体摇摇地站也站不稳。亏得身旁站着个王廙，便一把扶住王廙的肩膀。王廙一看，他面色焦黄，二目无神，赶紧问："你怎么啦？"

"觉得体中不适，只是为了全族的生死，说不定还要硬撑下去。我要是不行了，世将阿弟，这全族就交与你了……"

忽然，一个小黄门走出台城，在这伙人身边大声宣诏："着王导易朝服入见。"精神恍惚的王导一时没有理解诏书的用意，还怔怔地听着。王廙忙推了他一把："大约要降恩诏了，快回去换朝服。"王导独自朝见元帝，其他的人都回到家中等待，他们仍然不完全放心，毕竟族

中出了一个属于十恶不赦的反叛嘛。时间不算太久，王导回来了，他向聚集在全族公用的大厅里的众人声大气粗地说：“见到陛下，我仍然是先请罪，可接着辩明了阿黑的作乱只是二房中他兄弟子侄的事，与全族其他各房无关。我说：‘乱臣贼子，自古有之，想不到臣族中倒出了这么一个。’陛下却让我晓谕全族不必惊慌，我就赶快回来了。哦，今天大家都受了劳累，各自回房安歇去吧。”

羲之回到自家宅院，把这件事禀知母亲。诸葛夫人说：“你嫂子家中派人来告诉我，说这件事本来就和咱们四房中你二叔三叔无关，更何况你。你本来不该随着阿龙去请罪的。还说阿龙拉了你二叔、三叔和你一齐去请罪，好像有两层用意，一层是他自己一向和阿黑走得近，拉了全族去，搅浑了水，显得大家都有份。再一层是，他知道皇帝陛下信任咱们四房，想借咱们和陛下的亲情，保他自己。因此特地要我嘱咐你，无论事情到了哪一步，且不可再听阿龙的，只管闭门读书，不可过问外间的事。至于你二叔三叔，他们官职在身，自有主张，咱们也无法管他们的事。”

五

以后的两个月中，建康城中发生的变化太大了。羲之虽然闭门不出，三叔王彬却不断把外界的消息告诉他。

头一件是令他震惊的消息，王敦的兵马占领了控制建康的要地石头城。刁协、刘隗、戴渊、王导——这位阿龙叔居然领兵抵抗阿黑，是羲之怎么也想不到的——周𫖮等人战败。王彬还说，外间都说，义兴周札不战而打开石头城门迎接王敦，是听从了王导的劝告。再让王导领兵去收复石头城，怎能不打败仗！第二件是令他愕然的消息：元帝令王廙去劝王敦退兵，王廙反被王敦所用，做了荆州刺史，替他巩固上游去了。他问王彬："二叔怎么能这样做?"王彬苦笑着说："阿哥不知怎的，最近爱听阿龙的话，想必是阿龙劝他去荆州的。"看了羲之迷惑不解的样子，王彬解释："阿龙如今整天待在石城头，与阿黑不知商量些什么，如今他再也不提乱臣贼子的话头了。"第三件是几天以后，王彬匆匆回家告知羲之一件令羲之听了激愤的消息："王敦杀了戴若思和周伯仁了。"羲之听了，心头一阵剧痛，他定了定神问道："是真的吗?"

"怎么不真，我去看了，尸首在石头城南门外，还没有人去收尸。"

羲之听了，对王彬说："阿叔稍为等一下，侄儿去见母亲，回来有事告知，一同去办。"

"有什么事要与我一同去办?"

"祭奠一下周伯伯再替他收尸。"

"好，好个侄儿，不枉周伯仁当年的品题。你禀知大

嫂后，咱们堂堂正正地去办，看谁敢拦阻？”

二人带了祭奠之物，到了石头城南门外，周颉的尸体尚摆在那里。二人排下祭品，各自大礼拜下，站起身便抚尸痛哭起来。哭了一阵，远远一簇人抬着棺木来了。二人道是自己买的棺木到了。待走近看时，当先的人却是周嵩和周颉的长子周闵，原来周府的人不管禁令不禁令，径自前来收尸。

王敦派人传去王彬，问他为何去哭祭周颉，王彬说：“周伯仁是位长者，也算是你的亲友。有了赦令后，你又杀了他，我自然悲伤。你的行为，是抗旌犯顺，杀戮忠良，谋图不轨，怕是王氏一门都要受你牵连了。”

王敦勃然大怒：“你狂悖到了这个地步，以为我不能杀你吗？”

王导在旁边，怕王敦杀了本族的人，只会自损声威，自己这个族长也无法交代，便劝王彬赶紧赔罪。王彬说：“这几天害腿病，见了天子还想不拜，要我向谁下跪？”王敦慢慢地说：“你脖子疼时，怕要比腿疼厉害多了。”王彬睬也不睬，自顾走出去了。

这一段事的前因后果由周颉家中和王敦帐下的人传了出来。不消说，王彬的仗义申言，博得了不少人的尊敬。而王羲之郎君，竟然藐视族叔的禁令，哭奠义伯，其事迹不久便在建康城中传了开来。羲之只于事后将周府已经收尸的事禀知母亲，依然闭户读书，却不知道自

己已经名动公卿了。

以后，建康城中的朝政自然有一番变化。王敦嫌王彬在身边桀骜不驯，影响自己的声威，假传圣旨，赶他去豫章为太守。元帝方面，刘隗北逃，投奔前赵大将石勒去了，刁协被杀，王廙王彬被王敦打发到千里之外，他身边只留下两个侍中。不得已，他向王导、王敦摊了牌。他说："要想得到我的位子，极为容易，只要明白说出来，我回琅琊国是了，何必困扰百姓！"王导是当年再三劝他做皇帝的人，觉得王敦如果篡了位，后患甚多。秘密与王敦商量了之后，采取曹操当年挟天子以令诸侯的办法，厚培实力，等待机会。仍借用元帝下诏书的办法，封王敦为丞相、武昌郡公，食邑万户。封王含为卫将军，都督沔南军事，荆州刺史，回军屯驻武昌。王导为扬州刺史，守尚书令。中朝、扬州两大权力，集于一身。

王廙被王敦派为荆州刺史，一到任，便知道上当了，心情十分郁闷，觉得对不起晋元帝，不久，在任上病死。但是，他的棺木运到建康时，晋元帝还是哀痛的，让跟他学过绘画的皇太子迎接并在棺木前致祭。追赠为侍中、骠骑将军。

元帝对自己的事可有些看不开，外有王敦随时可以再次领兵来威胁他的皇位，内有王导，把持朝政，与王敦互通声气。这样窝囊的皇帝实在不好当。他想起自己

永嘉南渡之后，总算为司马氏保住了一片领土，未被胡儿夺去。如今却受制于家臣，无论如何他忍不下这口气。到了这年闰十一月，他忧愤而卒[8]。共做了一年晋王，四年零九个月的皇帝。

接替他皇位的是死后被谥为明帝的司马绍。他与乃父不同，当刘隗、刁协他们攻王敦于石头城失败之后，他一怒而亲率将士与王敦决战，中庶子温峤拔剑斩断了马车的车鞅，才劝住了他。王敦素常有些怕他，回武昌以前，曾经大会百官商讨废皇太子的事，温峤和群臣众口同声说太子没有失德。王敦找不到借口，只得暂时按下这个阴谋，没有想到他这么快做了皇帝。

明帝一即位，便开始布置对付王敦。为了分王导的权，他任命自己的内兄庾亮为中书监，派华恒为骠骑将军、都督石头城诸军事，重新掌握了这个要害之地。他另一个心腹温峤被王敦强要了去做自己的左司马，但是明帝另有打算，一方面让他探听王敦的动向，另一方面秘密嘱咐他紧急时设法逃回建康。这样，总算在王敦监控之下重新建立了自己的班底。只是，他手下虽然不缺少兵马，却缺少足以和王敦匹敌的大将。

然而不久，由庾亮牵线，为晋明帝招致来一员大将，还有一支战斗力甚强的以北土流民为主力的兵马。

高平郗鉴，字道徽，在淮南，人们把他渲染成一个带有传奇色彩的人物。他自幼躬耕垅亩，不应征辟。赵

王司马伦、东海王司马越要他当掾属、主簿什么的，他不愿意跟着这些你打我我打你的大王凑热闹。洛京失陷，他设法逃回家乡高平金乡。那时徐、兖二州连年饥荒，一些士族大户有时分些粮食给他，他总是分给乡里中的孤寡老弱。后来，后赵石勒的兵马几次过境抢掠杀人，无所不为，他带了千余家同乡逃入峄山之中，依山建立坞壁，大家推举他为坞壁主。晋元帝在江东站稳了脚跟之后，听说他在北方保有了一片土地，便承制任命他为龙骧将军，兖州刺史。元帝即帝位后，又封他辅国将军，都督兖州诸军事。这一来，兖州饥民投奔他的越来越多了。终于因为兵马缺粮，不得不脱离峄山，退到淮南合肥。元帝其时正在王敦控制之下做那窝囊皇帝，倒也重视他兵马的实力。还未来得及收为己用时，便被王敦气死了。于是有两个人在注视着他这支力量。一个是晋明帝，一个是王敦。而郗鉴呢，虽然身在合肥，朝中发生了王敦逼宫这件大事，岂能不知。他千里还朝，自然也有自己的打算。

晋明帝太宁元年（公元 323 年）五月，郗鉴独自骑马去看当地名胜逍遥津。他想用一员武将的眼光考察一下地形，弄明白当年的张辽怎么用七千人挡住了孙权的十万大军。但是，没能走到逍遥津，一个书生打扮的年轻人拦住马头迎面一揖，问：“尊官可是高平郗使君？”

郗鉴打量了一下来人，但见他一身风尘之色，却不

亢不卑，一下子弄不清身份，只好问了一声：“足下何人，有何事见教?”

“请借一步说话，那时尊官就会知道在下是何人，来此何事了。”

“那么，就同在下回府署，如何?”

“是否还有什么隐蔽一点的处所?”

郗鉴是个机警人，料知一个人如此藏头露尾，必有原因。想了一下说：“府衙右面柳丝巷，住着我的参军曹讷，足下未有代步，这坐骑便让与足下，下官步行……”谁知那人只说了句：“便在曹参军家见面。”谢绝了他的好意。

“在下庾冰，奉了家兄元规之命，有要事奉告使君。”在曹讷家见面之后，郗鉴让曹讷避了出去之后，来人开门见山，自报家门。

庾元规的名字，郗鉴已有耳闻。此人名亮，是当朝皇后的兄长，新皇帝刚即位，便升任中书监。郗鉴想，王敦包藏祸心，大有篡位的野心。庾亮是皇帝的内亲，如此秘密地派遣他胞弟会见自己，其用意大体可以猜出来。但是这事关系重大，先不宜表态。于是，做出一副洗耳恭听的样子来，说：“请赐教。”

“在下奉命告诉使君：将有诏书，仍以使君为兖州刺史，镇合肥，另外加了安西将军，都督扬州江西诸军事⑨。以前征拜入朝任尚书的诏令作废了。”

郗鉴略微有些吃惊，这都督扬州江西诸军事的职位，一向只有朝廷亲贵大臣才能获得。突然落到自己头上，必有缘故。但是，他觉得此刻不便询问，只好说了一句不着边际的表态话：“郗鉴何德何能，敢当此大任?”

“使君固守峄山，威著北土，哪有比使君更合适的兖州刺史？至于加衔都督扬州江西诸军事吗，陛下实有深意存焉。不过此举为权臣所忌，稍有泄露，传令的人与受命的人都有性命之忧，不知使君可有胆量一听?”

郗鉴大体知道这件事与对付王敦有关了。他本是赤胆忠心忠于晋朝的人，庾冰的话说到这个地步，不便再捉迷藏了，便捋髯大笑道：“足下所说的权臣不就是王敦吗？他称兵犯阙，威胁君父，擅杀大臣，神人共愤。郗鉴身为大晋臣子，早有讨平逆贼之志。胡奴石勒十万大军压境，尚且不惧，岂惧他区区王敦!”

庾冰脸上绽出一团笑容：“使君忠义之心令人钦佩，下官便和盘托出此次北来的用意。陛下以为，去年王敦威逼先帝，所以不敢篡位，是因为忠于先帝的兵马尚多。如今，除了荆、江二州以外，湘州、襄阳已经落到了他手中。一年之内，一定再一次进攻建康。朝廷可用的力量就只有扬州和徐州的兵马了。令使君督扬州江西兵马，又加安西将军名号，便是要你牢牢控制淮南和徐州兵马，有事时起兵勤王。只是徐州兵马在王敦从弟王邃手中，怕紧急时不能调动。”说到这里，庾冰停了一下，然后严

肃地说："使君必要时可以设法临之以兵，夺他兵权。"

"请转奏陛下，江右之事，下官独力承担。王敦再敢妄动，一定起全境兵马，一面监视王邃，一面入卫京师。"

庾冰走了之后，郗鉴立刻集中兵马，加紧训练，又派出间谍去探听王邃的动静。正在他大体上部署完毕之时。一件令他诧异的事出现了。诏书到来：有重臣推荐，征他为尚书令，立即去建康。他对这事很思索了一番。不久前的一道诏令，加他安西将军并督扬州江西诸军事，可见庾冰的话并非虚言。可为什么才三个月，又变卦征他去建康？诏书上说有重臣推荐，莫非庾亮暗示是王敦在捣鬼。那么，陛下交与自己的任务怎么办？思索了一阵子，有了个计较。他先传见部下文武官员，告知自己奉诏书调至朝中任尚书令，所属兵马留在合肥，定有人替代自己。接着他大宴全军，以示告别。宴会之后，他把参军曹讷和侄子郗迈传来密议了一番。次日，他忽然病了，不能动身。刺史府及安西军府事交他人摄理。同时，郗迈秘密去了建康，曹讷秘密去了泗口。他一病半月有余。病好时，曹讷已从泗口回来，他这才宣布动身，由曹讷和他外甥率领眷口和部曲取道横江，采石先行。三天之后，他率领几名掾属直渡巢湖，经裕溪口到了芜湖。这是因为他办理了三天交代，把兵马交与原驻泗口、新任兖州刺史、北中郎将的刘遐。至于为什么要到芜湖

去，是因为王敦到了芜湖，约他去见一面的。

在芜湖他被王敦扣留了好几天，因为他应付得好，王敦终于不得不放他去建康。临走时，王敦告诉他一定与王导结好。他已经知道王导与王敦暗通消息，庾冰告诉他，所有对付王敦的措施，都对王导保密。那么，怎么与王导结好呢？王敦有话，不做又不行。在路上，他一直思索这件事。快到建康时，他忽然想出了个一举两得的办法，不由得又捋髯大笑起来。

六

哭祭周顗之后，羲之隐隐约约地听说，王敦和王导，都对自己感到不满意。加上叔父王彬被王敦远远地贬到豫章去，他更加杜门不出，几乎是与世隔绝了。生活平静如止水，他的精力更加专注于所喜爱的书法上。艺贵精专，心无旁骛地临摹与玩赏，他对书法的爱好上升到成癖的程度。用卫夫人所传的笔法临摹钟繇的书帖，使他悟出二人的家数似有不同，但又说不出不同在何处。他久闻卫夫人的伯父卫瓘书法得张芝之筋，又听说当朝皇后的外家庾氏藏有几纸卫瓘的书帖，便很想借来与《荐季直表》比较一下。但是又听得有传言，皇后之兄庾亮涯岸甚高，休说自己一介布衣，就是现任职官，他也很少假以颜色，何况自己从来也不愿到权贵之家登门自献。那位阿龙家的曹氏婶母，一向爱在全族各房之间挑

弄口舌，偶一不慎，她要是说自己结识权门，有所企求，说不定在这个皇帝与王敦暗斗的敏感时刻，又惹起什么风波。只是，他临习钟帖已经到了精熟地步，正待进一步广览古来名家墨迹，以取摄其精华。得不到卫瓘的书帖，一种艺术上殷切追求而又求之不得的苦闷便笼罩了他，使他郁郁寡欢。

一天，他起晚了些，诸葛夫人给他备下的早饭，一时不想吃。夫人问他是否身体不舒服，他摇了摇头。夫人只劝了句："我儿要是心中烦闷，不妨出去散散心，要知道忧能伤人。"说罢，回自家屋里去了。

羲之正在自己省察：我真的是有些烦闷吗，又为什么事烦闷，怎么让母亲看出来了。忽然听得有人叫门，夫人去开门了。羲之从窗中张望，原来是讨人嫌的曹氏婶母和王导手下的一名参军来了。她们一到诸葛夫人屋中，曹夫人那尖而响的声音便响起来了，滔滔不绝，又似乎在与人吵架。有时自己母亲说了几句，又被对方的大嗓门盖了下去。羲之听了一阵，真怕这位泼妇婶母是专门来向自己母亲寻衅的，便急匆匆走向母亲房中。

一见到他，曹氏夫人便嚷道："这不是他来了嘛，让他随阮参军快走。要不，人家一到，就耽误了。"

"耽误了什么啊？"羲之从来不愿意和这位堂婶母搭腔，他是在问诸葛夫人。

"耽误什么？自然是耽误人家相亲了啊。女方的阿爷

官职不低呢，门户又清贵。人家指名要咱全族子弟凡是未婚的都要去，茂弘才风风火火地催我来。”

“阿羲就不去了吧，你家阿悦、阿恬，世将家的阿彭都是合适的人选。”诸葛夫人不知道这“相亲”的是什么人，但是知道羲之一向反对王导策划的任何事情。

“哼，阿恬，小妾雷氏的儿子……”曹氏忽然发现自己说溜了嘴，露出与王导的宠妾雷氏争风的“家丑”来了，赶紧改口说：“不行啊！茂弘说过，无论哪一房的郎君都得去呢，不然对不起人家……”

“我还没吃早饭呢。”羲之仍是面对着母亲说。

“不要紧，到我家吃去吧。我家人来人往，从早到晚都有人吃饭。”曹夫人丝毫也不放松。

诸葛夫人无可奈何，只好对羲之说：“那你就走一趟，让人家看上一看就回来。”羲之明白母亲的用意不过让自己去应一应景，叹了口气，只好随那参军走了。曹氏见最难请的一个被自己请动，心情顿时轻松了。她还要到五房去，也便不敢多坐，辞别诸葛夫人走了。

在王导府第的厅堂里，出现了一幅令人感到异样的场景。在北墙靠边，一排溜地坐了七八位年龄自十七八到二十三四岁的郎君。他们都华冠鲜服，有的人还似乎曾傅粉熏香，都在顾影弄姿。有的呢却十分矜持，端然坐着，二目注定自己的鼻子，仿佛一动就会破坏自己那庄严形象似的。还有两个手执书卷，聚精会神地读着，

不过，庭中偶有一点响动，立刻侧耳而听，目光也随即从书卷上移向门口，反应堪称迅速异常。与这些俨然的形象极不协调的是在厅堂的东壁。那儿，一位郎君穿着半旧的衣服，正旁若无人地据案而食[10]，更为显眼的是，他的上衣正敞开着，露出了略为凸起的腹部。他的吃相毫不显得贪馋，毋宁说还显得举止从容。但是，单单在这“庄严”的时刻进食，便似乎是一种挑战。王导的次子王恬，便是刚才被曹夫人骂了一句的，一向颇为顽劣，连乃父对之都无可奈何。他一看四房的堂兄王羲之竟然在那里敞着怀吃饭，立刻双目一鼓，扬声说道：“在家里饿死了吗？跑到这里来找饭吃。”羲之理也不理，照常吃自己的饭。与王恬并肩而坐的王悦，悄悄对他说：“莫再大声叫嚷，像是客人到了。”王恬立刻收起满面怒容，重新变得温文尔雅起来。

只见阮参军陪了一个人进来，那人未穿品官官服，而气宇轩昂，步履捷健，看来像是一员武将。那人也怪，他走到室中央站定，既不与诸位郎君寒暄，也不说明自己的来意。只从西往东，一个个地审视那些装模作样的郎君。他看得殊为不郑重，目光只在每人脸上停留那么一霎，就又转向下一个人。而对那些身穿特意挑选了的整洁鲜明衣服的郎君，却似乎不屑一顾。看着看着，忽然他大声笑了起来。刚笑了两声，又突然住了口，低头与阮参军交换了一句话。阮参军抬头一看，也禁不住笑

了。原来一位郎君向面上傅粉时，想是一时不慎，粉中带了些许胭脂，因此脸上有红似白，大似靓妆女郎。不过，这些脂粉似乎也未增加他的丰采，以致那位相亲的客人大笑过后，又继续向下一个人看过去。

就这样，他一直看到最东面，终于看到了坦腹而食的王羲之了。他对于这位仿佛视自己为无物的郎君却产生了兴趣，不再像刚才那样专门审视人的面孔了。他上前几步，朗声问道："足下是哪一房的郎君，敢请示知名讳。"

王羲之从容地站了起来，微一躬身答道："在下王羲之，生平无意与贵官联姻。只因慈命难违，才到这里走上一趟。出自哪一房，也不消说起了。"说完，仍自坐下吃饭，全不管来人是否还有话要问。

那位奉命来相亲的人，原来是郗鉴的部下，郗鉴出于他自己才明白的原因，到了建康不久，果然主动拜会王导。交谈之下，似乎很投缘。不久，他就提出了自己有位长女还待字闺中，有意在琅琊王氏族中择一乘龙快婿。不过，自己有个精于冰鉴的部下，要他代替自己挑选，选着谁便是谁。他这部下便是曹讷。此人似乎如九方皋的相马，赏识于牝牡骊黄之外。当他回去向郗鉴禀报在乌衣巷王宅中的所见时，略去了那些自以为抱昆山之玉、得骊龙之珠的油头粉面、顾影自怜之辈，偏偏大谈起一个在东床坦腹而食、旁若无人的郎君，说他气度

从容、英华内敛。而最难得的是纯任自然，不事虚饰。

郗鉴饶有兴趣地问："这位郎君容貌如何？"

"下官没有仔细端详，但觉得体貌举止之间似若游云惊龙[11]。"

"游云惊龙，这是一种什么长相呢？"郗鉴未得要领，便又问道："他有多大年纪了？"

"下官也未询问，无非二十岁上下吧。"

"那么，他是哪房中人，叫什么名字？"

"他说叫王羲之，又说不愿与贵官联姻，也就不愿说出是哪房的人。"

"哈哈，他果然就是王羲之。"郗鉴忽然扬声大笑。笑声如此之响亮，以致惊得正带着女儿郗璇在屏后偷听的郗鉴夫人差点儿一头撞在屏风上。笑了几声，郗鉴不知是对着奉命相婿的曹讷，还是对着屏后偷听的夫人，大声说："好，好，好个不愿意与贵官联姻的王羲之，老夫偏要招他为婿。"

且说王羲之目送阮参军陪着那个非要问清他是哪一房不可的人走了之后，饭也吃完了，跟谁也不打招呼，大踏步出了厅堂。他并不看重今天这件选婿之事，回去简单地把事情禀知了诸葛夫人，就便告诉母亲说要出去散散心。

他信步而行，不知不觉间渡过秦淮河的一座便桥，走到了沿河的一处柳荫。不知何代何人建了一个小亭子，

里面居然有石桌石凳。他进去刚坐下，忽然看见沿着自己的来路，一个人正快步走来，不一会儿也进了亭子。令羲之诧异的是，他不但直奔自己而来，并且开口就问："阁下敢莫是王逸少郎君？"

羲之打量了他一番，来人大约比自己大个七八岁，看气度分明是个朝官，却穿了一身便衣，看不出来历，便信口漫应："不错。阁下何人，有何见教？"

那人便在另一个石凳上坐了，低声说："在下庾冰，字季坚，目前为令叔司徒府右长史。"王羲之一听来人是王导的掾属，便不愿与他交谈，但不知他寻找自己的来意，又不便马上离开，只好沉默着。果然，庾冰又开口了："舍弟庾翼，幼好书法，久仰逸少翰墨世家，又是卫夫人高足，极愿与阁下订交。特地叫在下带了几份他的临池习作，请多指疵，还有，有家藏的一卷《四体书势》，愿持以相赠。"说着取出了一个绢包，放在石桌上。

羲之本已听说庾亮、庾冰、庾翼都善书法，又见庾冰态度谦和，不自称下官而称在下，便对他有了几分好感。不过，他将卫恒的《四体书势》这样珍贵的墨宝相赠，究竟为了什么，又不能不产生疑虑。于是他不去取那绢包，却反问庾冰："阁下何以得知在下喜爱书法，竟以珍品相赠？"

庾冰的声音更低了："是周伯仁嗣哲周子骞常常讲论阁下，冰与舍弟才愿意与阁下相交的。"羲之一听，大吃

一惊："周闵兄！他如何谈起在下来？"

"阁下与令叔公然哭奠他尊翁周伯仁，他如何不感激！阁下已因为这件义举，在建康名动公卿了。他家与令兄有姻亲关系，对阁下的了解，就不足为奇了。"

羲之觉得庾冰的话说得不错，也很诚恳，但是对他在王导司徒府任职一事还不理解，心中仍然存有疑虑，便点了一句："说什么名动公卿，寒族堂叔、也就是阁下的府主对于这事极为不满意呢。"于是把王敦要杀王彬和王导逼着王彬下跪请罪被王彬拒绝的事说了一遍，然后幽默地说："要说名动公卿的话，大约是指惹起了大将军和司徒公的怒火了。"

庾冰莞尔而笑："哦，令叔世儒公遇险这件事外间倒是没有人知道。逸少阿弟，我痴长几岁，恕我以兄长自居了。阿弟，如今我可以把今天的来意详细告诉你了。你确实名动公卿，今天就是此公派我来看你的。"

"此公何人？"

"新任尚书令高平郗鉴。"

"小弟不曾认识这位郗令公。"

"他对尊府尤其是令尊这一房可知道得很多呢。他驻兵合肥，淮南人对令尊称道不绝于口。他细访了访，得知先帝南渡，原是令尊筹划的。后来令尊任淮南内史，王敦来刺扬州，怕令尊夺他的扬州刺史，不知怎么在东海王那儿活动的，派令尊千里迢迢，去救上党，谁都看

得出，那是必败无疑的……”

“原来是他阿黑陷害阿爷……”羲之沉不住气了。

“逸少宁耐些，且听我说。此事内幕是上党逃回来的败卒传出来的，后来听说被周馥杀了灭口。如今事无佐证，不易查究了。郗鉴公又听说了你哭吊周伯仁的事，因此有今晨在尊府里选婿之事，其实未选以前，已经打算招阿弟你为婿了。”

“那为何要阿龙……要茂弘叔主持这件事？连在下也以为膺选的不是阿悦就是阿恬。”

“逸少，索性全告诉你吧，只是这话出自我口，入到你耳。眼下不可再让旁人知道，连太夫人那里也暂时瞒上一瞒。郗令公此番内调，本是为了对付王敦的。大约因为令公在合肥调查令尊的事，遭到王敦的猜疑，在芜湖扣了他几天。后来放走令公，却交代要和王导亲近，这一来令公明白了自己要受王导监视，便想出了向他征婿的方法，使他误以为令公有意结交他，殊不知他那些郎君令公怎么看得上眼。令公早就看上你了，所以我才有名动公卿的评语。我的来意便是告诉阿弟，莫辜负了郗令公的好意。何况他家贤媛德才工貌俱是上选，又工笔札翰墨……逸少，佳人难再得啊。”一席话说得羲之脸红了。

选婿后一连三天，羲之把自己关在屋内，专心致志地研究《四体书势》，心无旁骛，达到了闭聪塞明的程

度。第四天，诸葛夫人来到他屋中，带有几分疑虑的神情说："孩儿，有件事，娘必得和你商议商议。刚才，大房里你茂弘叔父陪了一位贵官前来，说为女择婿，看中了孩儿，你可知道来人是谁?"

"是高平郗鉴郗令公。"

"啊，孩儿你怎么知道的?"

"孩儿还知道这件事的来龙去脉。"羲之对自己的母亲知道得太清楚了。他对庾冰的嘱咐不以为然，一五一十，连郗鉴愚弄王导的事，全告诉她了。

诸葛夫人听到有关王旷的事，伤感了一阵，然后，毅然决然地说："娘这就去告诉茂弘，这门亲事，咱们答应了。"

七

结成佳偶之后，羲之生活在温馨幸福之中。他渐渐地发现了妻子郗璇越来越多的优点，贤惠、善理家，与婆母的感情一下子便融洽无间……更为重要的是，她不仅深深地爱着自己，还理解、体贴自己。长到 21 岁还没有人推荐为官，在江左侨姓第一高门琅琊王氏家族中是罕见的。和羲之年龄相差不太多的王悦，早受乃父王导推荐侍讲东宫，又转为吴王友。王含的儿子王应，已经过继给了王敦，眼看不必经过什么起家官，平步青云，会得到将军的位置[12]，明眼人早已看到了这一点。王氏三

年少中，冠盖满京华，斯人独憔悴的只剩下了王羲之。王导甚至于对羲之竟然能够被郗鉴选中为婿的事开始有所怀疑，还不知道向王敦说了些什么。郗璇对这些总不在意，从未向白衣夫婿发过一句怨言。自从王廙去世、王彬与籍之远赴荆、江二州为官，四房在建康再也没有食俸禄的人，生活就十分清贫了。郗璇从娘家得到一些接济，总是先奉养婆母，其次保证丈夫的温饱，自己却淡泊自甘，使羲之能够专心读书、习书法。其实这些羲之都已暗暗看在眼中，记在心里。

她二人共同经历了一番患难之后，这种种“患难夫妻恩爱多”的感情，便如磐石般牢不可破了。

这场患难便是明帝太宁二年（公元 324 年）王敦病危，王含王应起兵进攻建康，郗鉴总督驾前诸军事与之相拒，羲之与郗璇在围城中护理郗府担惊受怕的事。原来，王敦第二次起兵东下，水陆各军屯聚芜湖附近。只因为明帝得庾亮、郗鉴之助，又练成一支军队，王导虽居司徒之位，手无兵权，明帝等部署对付王敦，全然将他瞒住，因此王敦不知建康的虚实，不敢贸然进兵。谁知，打入王敦决策集团的温峤用了中国兵家古典式的欺骗敌人的方法，从芜湖逃到了建康，把王敦和心腹人钱凤、王含议定的谋略一股脑儿告诉了明帝。明帝驾前以庾亮、温峤、郗鉴为首的班子组织了起来。

王敦本来有病，这也是他迟迟不能进兵的原因之一，

听到温峤把自己的阴谋公开出来（大约是王导写信告诉他的），便写信给王导，信写得很不理智，说温太真离开我才几天，做了这么多损害我的事！我要募人活捉他，亲手把他舌头拔出来。一生气，病又厉害了。他本来有统筹全局的本领，赶紧采取对策：矫诏拜王应为武卫将军，准备万一自己一病不起，他便接收自己全部的职位。又以王含为骠骑大将军。只是他和他的亲信们知道，万一他病重死去，王应、王含未必统率得了他手下的兵马，与明帝的兵马对阵时更未必能打胜仗。于是他对钱凤提出了上中下三种对策："我死之后，释兵散众，归身朝廷，保全门户，上计也。退还武昌，收兵自守，贡献不废，中计也。及吾尚存，悉众而下，万一侥幸，下计也。"钱凤却对王敦的另一个心腹沈充说："公之下计，乃上策也。"准备王敦一死，就进兵建康。

他这边上下意见不一致，明帝那边却扎扎实实地具体准备起来。首先，任命温峤和卞敦守石头城这个要害之地。应詹为护军将军，都督前锋及朱雀桥南诸军事。郗鉴行卫将军，都督从驾诸军事。庾亮领左卫将军、卞壶行中军将军。最有意思的是对王导的安排，加他为大都督，领扬州刺史。可是扬州刺史本来由王敦兼着，王导是个没有兵马可督的大都督。另外，郗鉴在离开合肥之前，在淮南留了两支精兵、兖州刺史刘遐和临淮太守苏峻部下各万人，已发下命令，叫他们火速增援建康。

这件事瞒过了王导，后来起到了击败王含、钱凤、沈充的决定性作用。

王导本来一直与王敦互通声气。但当得知王敦身染重病、很难治好的消息时，态度一下子转了个大弯。首先，他表示看到了上次他率领全族在台城待罪时周顗在元帝面前保他不会随着王敦造反的奏疏，于是见了人便表示忏悔，说："我虽不杀伯仁，伯仁由我而死。"尽管他为了王彬哭祭周伯仁而逼着向王敦请罪的事，庾亮、温峤、郗鉴等人都已公开谈论过，没有几个人相信他的忏悔，周顗的事总算敷衍过去。但是王含仍然要进兵，他就不能像上一次那样伪装请罪混过去了。这一次身为大都督，必须声讨王敦，这是他不愿意做的。为难了好久，终于被他想出了一条绝妙好计。他召集全族，宣布王敦已经病死，还商议大张旗鼓地为王敦举哀。建康军民听到这个消息，大大地松了一口气，明帝部下，士气大振。王导出奇制胜，立了这一大功后，声讨王敦改为声讨王含，便避免了尴尬局面，于是他写了一封《遗王含书》，其中把起兵的罪状完全推到钱凤一人身上，劝王含为自身、为了两个儿子，为宗族打算，不要跟着钱凤走。表明自己的态度，这一回可是要"明目张胆为六军之首，宁忠臣而死，不无赖而生矣。"令人难解的是，信有这么一段："导所统六军，石头城万五千人，宫内后苑二万人，护军屯金城六千人。刘遐已至，征北昨已济江万

五千人。”把己方的兵力以及部署完全告诉了对方。石头城是要害之地，他告诉王含，那里只有一万五千兵马。江北刘遐的部队，郗鉴经营了一年多，这一次调来建康，事先王导并不知情，他是从王邃那里得到消息的，迫不及待以这种方式通知了王含，使郗鉴的“秘密武器”差一点失去了作用。幸而这次是昏庸无能的王含领军，他不重视王导泄漏的机密军情。如果仍是王敦为主帅，晋明帝肯定还会打败仗的。

在乌衣巷王氏家族内，大部分人相信了王导“宁为忠臣而死”的表态，安居不动，好在即使王含打胜了，同族人仍然可以托庇在王导保护之下。但是，诸葛夫人和王羲之可不这样想。前不久，王敦杀了籍之的岳父周嵩，而郗鉴总统驾前军与王含直接对垒。夫人想，两个孩儿的岳父都是王敦、王含的仇人。一旦王含得胜，岂能饶过自己与羲之，她觉得乌衣巷不能再住下去，便叫羲之去和郗鉴商议。

郗鉴拒绝了羲之想在他部下任参军、参与讨王含之战的要求，却给了他另一个任务，照看诸葛夫人和郗鉴的家属，因为自己无力顾及此事了。羲之以为郗鉴小视了自己，二人之间有了如下一段对话：

“岳父大人是否以为小婿不足以参与大事?”

“我并没有这个意思。”

“那么，如此紧急之时，为何倒叫小婿安居家中?”

郗鉴哈哈大笑："我明白了。你以为护住内眷是容易的事，其实不然。我在军中，有壮士可用，是没有危险的。可你护理家宅，手下无兵，那王含已经和我誓不两立，一旦进入京城必然要搜捕我的家属。阿愔、阿昙年纪小，一切就只有由你调护。这不但需要勇敢，还需要机警、当机立断。眼前你我两家，还有哪件事比这更大？"

"如此，小婿全力承担此事，望岳父放心。"羲之回家禀知母亲以后，带了必要的随身之物，先令郗璇陪着诸葛夫人去郗府，半路上早有郗鉴派来的牛车等在那里。羲之再次巡查各屋，只随身带了《荐季直表》和《四体书势》，锁了门，悄悄地离开了乌衣巷。

王含与明帝部下交战一共两次，第一次王含为了显示自己的军事才能，将大将邓岳、周抚置于自己的指挥之下。倚仗兵多，宿营竟然不设斥候。明帝部下段秀、曹浑连夜渡过秦淮河，拂晓，只用了甲卒千人突袭王含驻地，王含就大败，仓皇退到了芜湖。王敦病上加气，一命真的呜呼了。王应秘不发丧，把王敦尸首埋于厅堂中，和王含商量发动全部兵马，令沈充在吴地出兵，两路夹攻建康。只王含、钱凤一路的兵马，就超过郗鉴的御前诸军一倍。郗鉴百忙之中，派人给家中送信，让羲之准备好退路，见机行事。

羲之虽然是将门之子，毕竟未习兵事。他见郗愔、

郗昙年幼，只好与母亲商议。诸葛夫人曾经随着王旷在洛阳经过了八王之乱，又经历了王旷用兵法部勒的百族南迁，紧急时显出决断来。她指挥着郗氏女眷收拾衣物细软，打成行李。指点羲之将郗家的仆人和部曲编成队，各备兵器，紧急时护眷而行。羲之和几十个郗宅家将坐镇外宅，昼夜有人值班。诸葛夫人与郗鉴之妻、郗璇，在内宅轮流值班，郗愔郗昙紧紧跟随母亲。诸事处理得有了头绪之后，阖府上下就一心等待秦淮河与台城之间两军对垒的消息。

八月初六，郗鉴派人送信来，经自己紧急调遣，北方南下的刘遐和苏峻的精兵万人到了，力量对比已经有了改善。不过，一场大战是不可避免的了。这一战，关系重大，让羲之作好万一战败立即出亡的准备。可是，接连几天，密云不雨，双方依然对峙着。郗府众人一片焦虑，羲之打定主意，自己不能惊慌。他不断巡视内宅外宅，劝大家不必焦虑，好在可进可退，千万不要自惊自扰。

八月十四这天，是明帝亲自选定的决战日子。天明，诸葛夫人婆媳和郗鉴夫人、郗愔、郗昙，齐集宅内正厅。羲之下令全部仆役部曲集中待命，专等战事的结果以定行止。不久，传来了王含的部下强渡秦淮河，官军方面护军将军应詹等接战不利的消息。接着又听说王含部下钱凤、沈充合兵攻打外城宣阳门的消息。郗府上下人等

都把一颗心提到嗓子眼里，因为大家都知道，建康外城是树立木栅权当城墙的，一旦木栅被攻破，就只剩下苑城可守，而苑城又小，禁不住四面围攻。

午时，又传来钱凤沈充部众拔栅进攻的消息。郗鉴夫人觉得大势已去，便传羲之到内宅，商议弃家出走。羲之眼见得两家命运都担在自己肩上，已经到了行止取决于自己一言的地步，突然想起了郗鉴交代自己的那一番话。仔细盘算，眼前胜负还未见分晓，最怕的是张皇失措。多年来身处逆境对他的磨炼成效，一下子显现出来了。他似乎变得异常镇定，他对郗鉴夫人说："岳母，眼下胜负未定，小婿想，即使战败，岳父大人也来得及派人知会，何不沉着一些，静观一下局势。"

"静观？贼人势大，你以为还能取胜吗？"

"小婿记得岳父说过，北土兵马骁勇善战，他老人家把希望寄托在刘遐苏峻身上。他二人的兵马还没有行动，说不定正在等待战机，所以，还有取胜的希望。"

羲之派出两员家将去到巷口等待消息。不到半个时辰，两员家将陪了曹讷参军来了。一进厅堂，曹讷就大声禀报："卫将军叫禀知二位夫人和羲之郎君、刘苏两位将军已经出兵从南方横击贼军，士气大振，局势稳住了。"而羲之和郗愔刚把曹参军送到大门，又一骑飞奔而至。骑者远远地在马上就大声嚷叫："大捷、大捷，王师大捷！叛贼光死在河里的就有三千人！"

次日又有使者报来，刘遐在清溪大破沈充。几天之后，王含、王应烧营夜遁。二人投奔王舒，被王舒沉于长江之中。钱凤沈充逃到外地被人杀死。一场大乱平定了，明帝和庾、温、郗等人忙着赏功罚罪，处理善后，王导也成了有功之臣。当羲之夫妻和诸葛夫人回到乌衣巷时，他居然在族中称赞羲之护理郗府的功劳，仿佛是他派羲之前往似的。羲之还是那样宠辱不惊，仍自闭门读书，家居侍奉母亲。

郗鉴听了夫人介绍羲之在紧急时刻处变不惊时，自赞老眼不花，选婿得人。等他腾出手来时，便推荐羲之出任清贵之官秘书郎。

① 梁庾肩吾《书品论》列王羲之为上之上品，卫夫人为中之上品，王廙为中之中品。唐李嗣真《后书品》将王廙和卫夫人都列为上之下品。

② 晋初所谓隶书，是指今之楷书，当时亦称“真书”。今之所谓隶书（如人们习称的汉隶体）当时称作八分书。

③ 因为愍帝司马邺在长安即帝位，为了避讳，司马睿将建邺改名建康。

④ 当时出仕的人，担任的第一任官，称为起家官。起家官清贵不清贵，对以后的升迁，关系很大。

⑤ 几乎所有写王羲之传记的人都津津乐道他几岁习

书，以后书法又受了某人某人的影响、何时成家，何时与钟繇、张芝齐名，并臻神品等等，仿佛他一生除了写字还是写字。其实他一生读书甚多，通经、史、子（例如《老子》)，这非得从幼年打下基础不可。故他早年应以读书为主，练习书法为辅。

⑥《尚书》中记载：商汤殁，太甲即位，不用伊尹之训。伊尹放之于桐，三年后迎回、复位。“放”，有人以为是囚禁，所以晋元帝才有“是可忍孰不可忍”的话。

⑦ 东晋初年的“台”多指宫苑。禁城便称台城。这里所称台中，是指皇宫门首。

⑧《晋书·元帝纪》称他“下陵上辱，忧愤告谢。”

⑨ 扬州江西，即扬州长江以北部分。

⑩《世说新语·雅量篇》说，当时王羲之在东床“坦腹卧”。《晋书·王羲之传》则作“在东床坦腹食。”今从《晋书》本传。

⑪ 见《世说新语·容止》。

⑫ 第二年五月，王敦矫诏拜王应为武卫将军，做自己的副手。

王友　郡守　帅府掾

一

明帝是个短命皇帝，平定了王敦，皇帝做得牢靠了，然而不到一年，忽然中道崩殂，享年二十七岁。长子司马衍即位，后来谥为成帝，即位时年方五岁，第二年改元咸和元年（公元326年），实际上政权掌握在他舅父庾亮手中。羲之出任秘书郎，是明帝死前的事，这一年他二十三岁。

他的入仕，有一段小小的曲折。高门子弟，二十三岁还不出来做官，会引起人不少猜测。有人说，他和王敦、王含同族，有同党的嫌疑。有人立即加以反驳，王敦杀周顗，他与叔父王彬前去哭祭。还有，他长兄的岳父被王敦杀了，他岳父是卫将军都督从驾诸将事的郗大令，他怎么是王敦的同党？有的说，大约他不为叔父王导所喜爱，否则王司

徒的郎君早做了官，还推荐同是王氏族中三房王舒的大郎君王晏之为官，同是族侄为何不推荐他？这些话，渐渐传到王导的耳中，王导隐隐地感到不安。王敦在世时，他二人对王旷的两个儿子都不喜欢。王导和王敦不同，只是见他亲近周顗，疏远自己，自己也疏远他而已。如今外间人言籍籍，觉得再不管这事，反而显露出和王敦共同压制四房时不可告人的一些旧事。想了想，当郗鉴升了徐州刺史、加车骑大将军要赴广陵上任时，就亲自去江边送行。在船上，谈起王羲之，王导说："愚以为逸少英年有为，可以出仕报国了。"

郗鉴含笑问道："然则我公何不荐之于朝？"

王导作苦笑状："导虽领司徒，但举荐自己的子侄，怕惹人议论。"郗鉴心想，你举荐自己两个儿子时，倒不怕旁人议论呢！因此调侃了他一句："古人内举不避亲，我公行之有素，只要出之以公心，何惧他人议论？"

次日王导叫妻子曹氏陪着去看诸葛夫人，开门见山地说要州中正推荐羲之为尚书郎。诸葛夫人还未答言，在旁边的羲之一口拒绝了，又不说为什么不愿出仕。王导心里有些明白，回去后只嘱咐曹氏不可乱谈此事，阿菟身后有郗鉴、庾亮两个奥援，不能轻易开罪四房。诸葛夫人与羲之之间却认真议论了这件事。夫人说："孩儿，阿黑死了以后，你阿龙叔对咱们四房态度变好了，以尚书郎起家也就不错，你为什么当场拒绝了，这不辜

负人家一番好意吗？”

“娘，据孩儿看，长房这位叔叔要举荐孩儿，只是为了敷衍外界的议论，其中还藏着私心。”

“什么私心？”

“自从中兴以来，秘书郎才是清要之官，那尚书郎全以第二流的人充任。他让他家阿悦以秘书郎起家却要孩儿出任尚书郎，无非表示孩儿的才具低阿悦一等。要说他对我房态度变好了，却也未必。娘可知道，王敦死后，他还暗中陷害阿哥和三叔……”

“啊，陷害？”诸葛夫人大吃一惊：“怎么个陷害法，后来怎样了？”

“讨平王含以后，他指使一个朝臣上奏疏，说三叔和阿哥都和王敦相亲，理应罢官除名。幸而先帝知道三叔的为人。阿哥那面，阿嫂母家全家被杀，安成郡又没有出一兵一卒帮助王敦，就亲自下诏洗清了这件事。后来那个受指使上弹章的人见先帝亲自过问此事，就夤夜去见庾元规剖白，说是自己受了愚弄。这是庾冰后来告知孩儿的。”

诸葛夫人赞赏地说：“哦，我全明白了。孩儿有志气，做得对。”

“孩儿并非从此就不出仕，只不过不愿意让那个口是心非的人举荐罢了。”

这些，虽然是王氏门中的“家丑”，诸葛夫人审时度

势，原原本本地告诉了郗璇。一次，郗璇要回娘家。郗鉴当时驻节广陵（今江苏扬州市），他那徐州刺史府不少船只往来于建康瓜步之间，因此，羲之要陪着妻子前往。这一回，一向对夫婿十分温柔的郗璇含笑谢绝了。一个月后，郗璇回来的同时，吏部已经有公文下来，征拜王羲之为秘书郎，即日到任。

秘书郎属中书省的秘书监，本来的职务是掌管公府的图书典籍，校阅脱误，兼管宫禁中的藏书。经过永嘉之乱，洛阳公府 的图书典籍，早被刘曜、石勒等部下焚烧抢掠一空。渡江后，元、明二帝从民间收购藏储了一些，为数也不多。秘书郎哪里有什么公事可办。只因这是个清贵官，大族上品人家的子弟都以它为“起家官”。任秘书郎的大族郎君各有各的爱好和癖性。有的整天请病假，又在建康城里逛来逛去，熟人见了总是半开玩笑地问他：“体中何如（今天又请病假了吗）?”有的每天应应卯，早早地回府了。当然，他父亲必然是高官，秘书监眼睁眼闭，任凭他自出自入。而羲之与他们却不一样。一上来，他想弄明白到底这里收藏了些什么书，便一册一册地翻阅。后来，他大喜过望，真认为自己不白担任秘书郎这个官职了。原来，他发现秘书省内竟然收藏着一些先朝及本朝名书法家钟繇、胡昭、张芝、索靖、皇象、韦诞等人的手迹。这些，都是羲之久闻其名而无缘一见的。于是，他对母亲和妻子说了，整天大部分时间

留在省内、赏玩、临摹这些墨宝，有时，放弃了十天一次的休沐日。其他同僚，大都以为这位郎君太痴，有的以为他有了“书癖”。只有上司秘书监逢人就称赞他：“王郎以后在书法上必有大成，予将拭目望焉。”羲之还有时带出几件和庾亮的小弟庾翼共同赏玩。庾翼原来以为自己在书法上可以与羲之比肩，这一阵，发现了羲之进境迅速，远远超过了自己，便常常叹息：“王逸少踞公府藏珍，又勤于临池，艺业一时超过了我，只能说是天助。论天赋嘛，倒未必强过我。”

王敦平定，王彬转为光禄勋，回到了建康。诸葛夫人心情舒畅多了，她唯一挂念的便是依然作安成太守的王籍之。那是个山区贫困之郡，他早已任满三年，还不转官，什么原因呢？安成已经由荆州划到了江州。江州刺史温峤，和庾亮、郗鉴是平定王敦之乱的三个运筹帷幄的人。羲之知道母亲的心思，便托庾冰致意，希望温峤能举荐他到朝中任职。然而温峤带给庾冰另外一个信息：王籍之在任上患病，很希望家人去探视一下。羲之与母亲商议这件事，原打算秘书郎是个闲官，自己请假前往就可以了。要是再带着庾亮一封书信，中途去谒见温峤，说不定可以把籍之调回中朝。诸葛夫人挂念离别了将近十年的长子，很想自己去探望一番。王彬听到她母子二人争着去，想劝一下诸葛夫人，去安成要到浔阳以后经庐山、豫章再往西走，山路艰险，劝她不必亲身

前往，无奈夫人的意见很坚决，双方相持不下。就在此时，籍之派遣的一个可靠仆役带了他的书信来到了。一见羲之，他便传大郎君的话，对自己来建康，最好不事张扬。旁人问起也只是说来报告大郎君病情的。信递到，次日他便悄悄回安成了。

羲之和母亲看了书信大吃一惊。籍之说自己并没有什么大病，不劳家中为此而牵挂。但是另有一件大事须得全家会商一下。原来父亲有个亲兵，已经在山西平阳（今山西临汾市）落了户。他托一个从北土归来的同伴务必打听到王廙王彬二人，传递一个重要消息。亲兵的同伴过襄阳时，有人告诉他可以去找籍之夫人远房的堂兄周抚[①]，周抚告诉他可以去安成投王籍之。他风尘仆仆到了安成，告诉籍之，那亲兵说，淮南内史王使君多年来隐于小吏，日前已经去世。去世前留有遗言，务必把自己的灵柩运回南方，将来好与妻子诸葛氏合葬。如今北土并州被前赵的胡儿刘曜占据，战争不断，兵荒马乱之际，千里迢迢，怎生将灵柩运回？那亲兵实在为难。籍之说，自己也拿不出好的主意来，才请母亲或阿弟前去商议。

阅信以后，诸葛夫人十分伤感，而伤感之中又夹杂着几许安慰，因为丈夫的下落到底探知了。自从长平之战败绩之后，光阴流逝，世事沧桑，多次与北方胡羯作战，战败投降者大有人在，丈夫是流落胡中或是投降刘

聪，已经算不了什么大事，种种谣传尘埃落定，全无确证，已经成了一宗疑案，也逐渐被人淡忘。但是，自己一家人永远忘不了这件事。如今，天从人愿，确切的消息，穿山越水来到了。丈夫并没有忘记自己和两个孩儿。他的灵柩倘若能运回来和自己“死则同穴”，那更是了却自己此生最大的一件心事。于是她决定，全家一同去安成，而且越早动身越好。

对于全家去安成，羲之倒是没有什么异议。不过，他却想，一旦到了安成，必然商定有人潜回北方，运回父骨。自己是闲官，自然应该由自己膺此重任。但是，这事不宜张扬，还有，往来万里路，扶棺而行，得走上一年半载，用什么理由请假呢？为此，他对诸葛夫人说，此事事先必须周密筹划，考虑定了，再决定动身的日期，自己打算去京口和岳父商议一下。夫人已经感到这个孩儿稳重多了，就一切听从羲之安排。

与秘书监打了招呼之后，羲之悄悄地去京口，渡江到了广陵。他知道郗鉴当年坚守峄山时与胡人石勒的兵马周旋了三年之久，便想请他策划自己如何去北方，还顺便请他介绍几个坚持保聚坞壁，尚为大晋坚守一角山河的人，以便作自己的东道主。谁知二人见面之后，一番深谈，郗鉴几条老谋深算的建议，不但为羲之设计了一个可行的迎还父骨的计划，还使他不久开始了任郡县官的经历，为他做一个贤使君打下了基础。

郗鉴与羲之在一间小小的精舍中挑烛夜谈，声音极低，即使有人伏在窗下偷听，也将一无所闻。由于羲之白天便将来意告诉了郗鉴，郗鉴一上来便说了几句令羲之大为震惊的话："我筹之熟矣，你去了江州，如果接回令尊的灵柩，也暂时不必回建康，就留在江州，灵柩也就在那里安葬。"

"不回来？岂不是放弃官职，全家又何以为生。阿哥家累很重，安成是山僻小郡，太守官俸官米又不多，怎能养育全家？"

"当然不能靠籍侄养你全家，我打算，预计你何时从北土回来，先调你为诸王友，以后上表朝廷，除授你为江州一郡的太守，顶好离安成近一些，借此你好在外郡历练一下。请假的事，就以侍奉兄疾为理由，我按时替你续假。"

"为何一定要小婿和阿兄留在外郡呢？"

"我这样打算有三个原因：一是王敦作乱虽然失败，外面还有人说你们琅琊王氏占据要津。所以庾元规不动声色把王舒调离荆州，令叔世儒调离江州。王邃要不是已死，也得夺去他的兵权，这是对付你父执一代的。对于你，元规并不猜疑，可是不愿意你留在朝中，怕你为茂弘所用。你去外郡，他放心，一定会设法促成。二是我以为，你要是想在青史上留名，作一个循吏，就得在地方官上历练一番，好知道黎民百姓的疾苦。留在京师，

只会学习浮华骄堕，坐而论道，不切时务，说不定还会导致败亡。三是……有一件事，出自我口，入于你耳，切不可向外人泄漏。就是历阳内史苏峻这个人，他自以为平定王含有大功，酬劳他的官职小了，心怀不满。以前，还畏惧刘遐，如今刘遐死了，再没有能够和他匹敌的人，此人跋扈，说不定要学一学王敦。庾元规像对付王舒王彬那样对付他，说不定要逼得他铤而走险……”

“岳父说他也要造反？”

“倒也不一定，可是已经有这个迹象了。因此让你到外郡躲一躲。”

“那岳父怎么办呢？”

“不要担心我。朝廷把我放在这广陵，一方面抵御北虏，一方面拱卫建康。苏峻真要造反，我要联合徐州、淮南的兵马，和他一决雌雄。不过，这些只是未雨绸缪的打算，你心里明白就行了。如今且说你要只身北行这件事。我从部将当中选四名武艺好又熟悉北方情况的武将与你同行，你一路上务必以恩相待，他们也定会出死力保护你。走哪条路？可以到襄阳和周抚商议，他一向与司州保坞壁的豪杰有来往，让他再替你设法。你要打扮成北土人，衣着不可华丽。最要紧的是要说服令堂，千里迢迢运送一口棺木，要是遇到胡人，一定会起疑心，所以我以为只把骨殖运回来就行。把各块遗骨用朱笔做上记号，一个丝囊就盛下了。遇上拦路的人，就说是寻

觅父骨的，他们敬你是个孝子，应该能逢凶化吉。”

羲之一听，真个是闻所未闻，心里顿时豁然开朗。连连称谢：“岳父的教导，小婿一定铭之五内。”

郗鉴说：“事不宜迟，明天我选派的人一到，你就立刻动身回建康。还有一件紧要的事，去江州，秘密一些，此事绝不可让茂弘知道，世儒那面也暂时瞒着。泄露出去，对你未来仕途大为不利，切记切记。”

二

是否由王羲之北上迎回父骨，全家意见分歧。诸葛夫人赞赏小儿子的孝心，可是从内心里不愿意他冒这个险。籍之则坚持自己走这一趟。身为长子，又在外郡为官，历练了这么些年，仕途险夷，人情冷暖，都已经历过了，遇到凶险，趋避的办法就多一些。羲之呢，决心一下，谁也劝他不转，以致在兄弟二人争相北行这件事上，诸葛夫人也无法做左右袒。郗少夫人是柔顺的女子，虽然不愿意夫婿冒险远行，但是事关孝道，说不出口来。那位周少夫人呢，出身于中州高门，人很贤惠，又是个颇有见识的女子。一上来，有婆母在前，不便多言。后来，见双方争的都是愿意自己去身履危地以表孝心，可是到底多么凶险，谁也弄不清楚。她便在双方争执不下时，插了一口：“妾以为，先不必争论谁去请先君的遗骨，倒是把到何地去、沿途情况、胡人关卡，我汉人能

否自由往来这些事先弄清楚，再定行止也不迟。”

“胡人占领的地方，咱们怎么能弄清楚呢?”诸葛夫人愁兮兮地说。

“可以问一问从北土来的那个人。那天，郎君与他相见，妾在屏后听了一下。他言谈话语之中对先君很尊重，又说了些淮南的事，似乎也是先君帐下的旧人。妾以为，他既然能从并州回来，何妨许下重金，由他去请先君遗骨。”

籍之忙说：“孩儿想，也许娘有什么事问他，已经暂时收留在麾下，随时可以传来。”

诸葛夫人一听这人可能是丈夫在淮南的旧部曲，便想叫他来问询丈夫多年来的情况。她是个细心的人，思忖着丈夫身陷北地十余年，万一降了刘聪，岂不成了“家丑”。于是她说：“由我一个人见他，详细询问以后，再告诉你们。”

诸葛夫人同那人谈了半日，自己又闭门思谋了良久，便把儿子儿媳都叫到跟前，一开头便说了这么一句话：“你们的阿爷，没有作过对不起朝廷的事。”

“啊!”四个孩子长长出了一口气。这句话使他们长久郁积在心里的闷气一下子宣泄出来了。夫人接着告诉他们：“你们阿爷兵败后，流落在并州，饥寒交并，大病了一场，被一户土著居民所救。后来为了糊口和报答那户人家的恩情，隐于小吏，娶了恩人的女儿，改名王广，

自称北土流人。有些部曲投奔了他，曾经想乘机回朝，却没有机会。后来，刘隗逃到了石勒那里，阿黑起兵作乱，逼死了元帝陛下的消息在平阳一带传开了。据说你阿爷气得口吐鲜血，一病不起。在胡中娶的那位夫人，还有所生的女儿也一同死了。因此遗命才由那个亲兵转托这位壮士传送回来。

“爹爹一家人怎么一下子都死了？”羲之疑惑地问。

诸葛夫人沉默了一小会儿，然后幽幽地说：“来人说，他们是先后病死的。他的话有些吞吞吐吐，像是瞒着些什么事。不过，从他千里迢迢传这几句遗言来看，要是真的有什么不便说的事，也一定没有恶意。因此我才把请回骨殖的事托了他。”

“他答应了吗？”籍之和羲之异口同声问了一句。

“答应了。他说，要是把灵柩运回来，可不容易。只把遗骨带来，可以办到。他也不用郗亲家的四员家将，说人多了反而有不便之处。他只要求给他足够的路费，还有，派人把他送到襄阳。”

籍之说：“这事要办成了，怎生想个办法给他谋个出身。”羲之问：“这位义士叫什么名字？”

“他叫鲍本，是东海郡人，曾经在元帝陛下安东军府为健卒，又随了你阿爷去淮南。长平战败以后的事，他不愿意说，我也不便追问，将来怎么安置他，等北土回来再说吧。”

羲之修了一封密书，遣回了郗鉴的四员家将。秋凉以后，一切准备妥帖，他们打发走了鲍本。正在商议羲之是不是回到建康销假，郗鉴又派了人来，把一封密书交与羲之。他们母子五人看了，密议一阵之后，诸葛夫人同了羲之，郗璇由籍之派人护送上路。到了浔阳，有郗鉴派来的船等在那里。一帆风顺，到建康并没有停下，一直到了瓜州，转小船到了广陵。郗鉴把时间算得真准，他们到了广陵没有多久，成帝咸和二年（公元327）的十一月，苏峻果然以声讨庾亮为名，由历阳渡江袭占了芜湖，庾亮的兵马一败于慈湖，再败于西陵。次年二月，苏峻占了建康。庾亮领残兵向上江退去，到寻阳投靠温峤去了。会见温峤之后，宣太后诏，以温峤为骠骑将军，开府仪同三司，以徐州刺史郗鉴为司空，共同讨伐苏峻。三月，又派人到荆州邀陶侃起兵。陶率兵东下，和庾亮、温峤合兵。

苏峻在建康，一时还不敢篡位。因为长江上游陶、温、庾的联军已经到了建康附近，下游，郗鉴都督王舒、虞潭两部兵马，正在京口（今江苏镇江市）一带集结。苏峻忙着调兵抵御，他只是把成帝迁进石头城禁锢起来。好在有刘超、钟雅、荀崧、华恒、荀邃、丁潭六位大臣昼夜守护着小皇帝。王导，这位官职最高的朝臣又一次扮演了一个奇怪的角色。苏峻攻入苑城时，他不和庾亮一起逃跑，而是到太极殿去，说是保护皇帝。皇帝被劫

持到石头城后，他又不在皇帝身边了。苏峻很尊敬王导，而王彬和其他未出逃的官员受的待遇就不同，他们被乱兵殴打，被迫担着担子登蒋山。幸而郗鉴审度形势，抢先把羲之母子媳三人接到了江北广陵，否则，以羲之和庾亮、郗鉴的特殊关系，说不定遇到大的凶险。

交战的双方相持到十月，陶侃进攻石头城，苏峻轻敌，亲自领兵交战，马失前蹄，被陶侃部下飞矛刺死。咸和四年（329 年）二月，苏峻的兄弟苏逸战死，一场大乱才得以平定。苏峻战死之前一个月，王导带领了两个儿子去投陶侃。乱兵平定，众大臣都回到了建康，王导叫人取来当年元帝赐给他的“节”，借以表示他没有投降苏峻。然而保护皇帝的刘超、钟雅都被杀了，他却没有死。陶侃看不过去，讽刺了他一句：“当年苏武所持的节是不会这样轻易丢弃的吧。”王导听了，头一回“有惭色”。

郗鉴因为独当东路，立了大功，进位侍中、司空，封南昌郡公，他仍然镇守广陵。羲之母子三人却回到建康。羲之虽然没有随军征战，但是与郗鉴一在京口，一在广陵，总算参与了战争。建康一收复，郗鉴就举荐他为会稽王友，庾亮、温峤一向很欣赏他，自然都同意。

会稽王司马昱，是晋元帝的小儿子，他被封为会稽王，是苏峻刚起兵、建康还未失陷时的事。当时他只有七岁，叛军就要围城，当然他无法到封国里去，王国的

官，除了配备内史、郎中令、中尉、大农等政务官以外，还要设师、友和文学各一人。兵荒马乱之际，这些官也一时配备不齐。如今京城收复、叛兵失败了，会稽王年幼，不到封国中去，内史等政务官去了会稽，主持国中事务。师、友和文学，属于教读、伴读性质，实际上是侍从官，便留在京师陪伴小王爷。

司马昱读书，是王师的事，王羲之这个王友，任务是每天到王府签个到，参见小王，看看有没有陪着游宴或接见宾客的事。此外的时间，大多是由自己支配了。其实，小王身边的事，大部分由宫婢照料，每天除了跟着王师读书以外，这个十岁的孩子，虽然史官赞美他“幼而岐嶷”，毕竟正处在贪玩的年纪，并不愿意再由个二十多岁的王友俨乎其然地整天陪着。因此，王羲之虽然换了职务，仍然算闲官。他的为人，不爱酒色征逐，夫妻伉俪情深。他也不学当时风气，参加“谈玄”的队伍，执着麈尾，谈论些老、庄、周易中一些不着边际、不切世务之学，便仍然静居家中，随意读些书，而仍以习字为主。东晋开国之后，皇子被封为琅琊王、会稽王的，最为尊贵，常常在没有太子之时，被推选继承皇统，否则也将成为辅政大臣。因此，他的师、友、文学，说不定有一天会附骥尾一跃成为朝廷重臣。不少年轻的高门子弟都期望得到这三个职位，不过王羲之似乎没有这种考虑。他的骨鲠性格，使他不去作那谄佞柔顺的事，

他却真的以为自己算作会稽王的“友”，以至二十多年以后，司马昱作了辅政大臣，他推心置腹地劝这位好名的大王行一些惠政。却不料大王官职高了，忘了“友”情，不愿意听真话。

这一段日子，安闲而又清贵，但是，羲之这时已经有了子女，家累重了。会稽王友虽然是清贵官，但六品小京官，俸禄不高，不足以养育全家。苏峻平定以后，宫苑烧毁，京城残破，王彬受到重用，升任将作大监重建京城。大约由他与郗鉴的推荐，不久，王羲之升任了临川太守。

三

临川，是江州属下的一个中等郡，辖县十个，比起扬州的吴兴、吴郡和丹阳来，算得是地僻民稀。好处是距离大江远了一些，差役和物资的征发比较少。又很少大兵过境，政务也就不甚繁忙。那时的风气，为郡守县令的以谈玄服散、饮酒遨游为高尚，政务大都由各曹掾属及小吏任意处理，休说勤求民隐，连真正过问一下政事的，都被朝官士族讥笑为风尘俗吏。因此，这个郡守，即使“卧而治之”，不理郡务，也不会有人非议。王羲之是初次任地方官，他记得的是岳父郗鉴的教导，让他做一个“循吏”。他读过《汉书·循吏传》，知道古代那些循吏，文翁、王成、黄霸、朱邑、龚遂、召信臣，差不

多都是教民勤于耕作，或兴水利，或重教化，自己廉洁奉公，所守的郡县户口增加，黎民富裕。他想，做到这些也不难，无非是省刑罚、薄赋敛，劝民力田，使民以时。这些，自己都可以做到。

可是一到任，他就感觉到有些事原是自己根本没想到的。例如苏峻把建康烧得残破不堪，有人建议迁都豫章。后来王导主张不迁都，重建宫苑。成帝同意了，又派出了王彬主持重建的工作，这本是羲之知道的事。不料江州刺史温峤逝世，王导力荐武将刘胤接任。此人不知绰住谁的口风，仍然下令征发各郡物资运往豫章，以备迁都。物资的征集及起运、役夫的征用一向都是掾吏经办的，这些人便借此浑水摸鱼，多征少送，中饱私囊。刚上任的羲之为了勤求民隐，到民间去走了走，听了不少掾吏扰民的事，他恐怕有损自己的清名，制止了一些征集调拨，然而掾吏很有闲话，说王使君高门子弟，不谙事务，察察以为明，不宜理郡云云。幸而不久，这种征集物资停止了。

刘胤本是温峤的部下，并没有管理一州的才能。王导不知看中了他哪一点，力荐他为江州刺史。陶侃、郗鉴都说他不是方伯之才，王导根本不听。王悦替他父亲解释说这乃是温峤的意思，可是和温峤感情最好的庾亮却不知道温峤死前有过这样的遗言。果然他一到任，除了整天酗酒淫乐之外，便是命令部下经商，强买强卖，

外带着杀人越货。经商的本钱，向属下各郡索取。到江州任上几个月之后，便积累了百万家财。王羲之初到郡不久，筹不出钱帛，也不愿意去填刺史那无底的贪壑，便上书陈明苦衷，又暗寓规劝之意。谁知刘胤勃然大怒，当众扬言，要发兵把临川太守擒来杀掉。后来多亏他的长史暗地里禀明，太守是王导的族侄，又是郗鉴的女婿，这才使他收起了杀机，然而仍旧派人把存于临川郡库的一些财物强征了去。

羲之性格坚强，他没有因为上司强行欺压便放弃了行惠政、做循吏的决心。只是，苦于不知如何去做。譬如说省刑罚、薄赋敛、使民以时这三件事，省刑罚只要有爱民如子的心，自己就可以做得主。使民以时就有点难说了。农忙时候，自己可以在本郡少派郡民服徭役，可是要是州里令符下来，要郡民去州里服役，他就挡不住。至于薄赋敛，连他也闹不清楚怎么是薄，怎么是厚。武帝开国之初，定下了户调式：丁男之户（有成丁男子之户)，每年上交绢三匹，绵三斤。一亩地年收田赋米三升。看起来田赋户调不算重，但是几乎年年有战争，战争时军粮都向各郡县征收。种田的丁少，食粮的兵多，就没有标准可遵循了。羲之为了弄清楚这件事，立了个小册子，专记本郡各县上交的租赋、征调及军粮的摊派。他想，以一年为度，大约就能摸到底细了。可是，只记录了两个月，他吃惊地发现，郡民租赋和力役的负担重

得出奇，这些征调大多是军事需要，由朝廷下令征发、限期送到的。身为朝廷命官，他一个五品的郡守，自然不敢抗令不交。于是王羲之想了一个办法，他要利用自己在朝廷的关系，越过刘胤，把详情禀知庾亮。他以为庾亮是皇帝的舅父，有能力废除一些苛政的。

两件突如其来的事，打断了他上书执政的计划。一件是江州发生了一次叛变，州将郭默矫诏杀了刺史刘胤。陶侃和庾亮以为没有朝廷命令杀了方镇大员，应该治罪，于是二人连兵进逼江州。郭默死守浔阳，经历了两个多月，才算讨平了叛乱。战争的中心在江州，临川供应军食，供应夫役不计其数。这时，羲之感到自己统计赋役数目，未免太书生气了。统计得再精确，又有何用？军符一下，数目再大也得交上。他开始怀疑这种为民请命的办法到底有什么用处。另一件是，正当陶侃、庾亮的大军围攻浔阳时，王籍之派了个信使到临川，说是鲍本已经从并州回来了。虽然经历了种种辛苦，终于带回来父亲的遗骨。请诸葛夫人和羲之去安成，商议营葬的事。

诸葛夫人当然愿意尽快地见到丈夫的遗骨，也愿意它早日入土为安。当时中国新兴不久的道教分支之一天师道早在青州徐州沿海一带流传，信巫信鬼之风大畅。王氏族中不少人是天师道的信徒[②]，贤达如诸葛夫人也笃信此道。她相信神鬼为实有，自然愿意死者入土为安。但是经过一番深思之后，自己不打算去安成，而是想叫

羲之去安成将父骨迎来，在临川买一处牛眠吉地将王旷安葬。她让羲之传自己的话，虽然王导在建康为全族置下了墓地，因为王敦居然也葬在族墓中，就不愿意王旷的坟墓与他为邻。至于安成，太偏僻了些，不如葬在临川为好。羲之认为母亲考虑得周到，听命去了安成，没有多费唇舌就说服了籍之。

兄弟二人连同周少夫人护着父骨到了临川，大家略一商议，一方面备棺、购地、建茔，选择下葬吉日；一方面派信使去建康和广陵通知王彬、郗鉴，并请王彬转告王导和王舒，说明为了死者早日入土，自行安葬了，路途遥远，劝他们不必亲自临穴，也不必惊动家族以外的人。由于尸骨是从北土运来的，籍之羲之暂时只服心丧，至于报丁艰③的事，想听听郗鉴王彬的意见。父亲灵柩的安葬，自然使羲之伤感了一个时期，但是，他毕竟年轻。而诸葛夫人的情况便不同了。丈夫失踪了将近二十年，其间，特别是说王旷降了刘聪的谣言，一直给她精神上带来莫大的压力。但是她外和内刚，发誓不能辱没家声并且给儿子的前途造成影响。于是含辛茹苦，顶住精神上和经济上的压力，抚养教育两个儿子。如今儿子的婚宦问题都解决了，羲之在朝中还小有名气。加上丈夫不但有了下落，而且名声得以洗雪，人虽死了，自己总算亲手埋葬了他的遗骨。大事释解了，精神上的压力解除了，却不知怎的精神日渐不济起来。她有一种好

像负重长途行走，到了目的地，人却累脱了力，一心要长久休息下去的感觉。加上时常回忆后半生的种种经历，免不了哀痛，结果得了一病。羲之虽然延医医治，但缠缠绵绵，一直不见痊愈。

就在此时，从建康捎来两封书信，都是关于籍之羲之报丁艰问题的。王彬曾就此事和王导商议过，王导主张，既然不知道王旷是何时身故的，就不必让籍之、羲之守三年之丧。本朝曾经讨论过这一类的事，因为北方大乱，逃往江左的官员不少人父母离散，生死不明。太常贺循主张“二亲生离，吉凶未分。服丧则凶事未据，从吉则疑于不存。心忧居素（服心丧、不行丧礼），允当人情”。又有个叫庾蔚之的，说得更清楚：“二亲为戎狄所破，存亡未可知者，宜尽寻求之理，寻求之理绝，三年（从音信断绝算起）之外，便宜婚宦”。王导信中告知诸葛夫人，籍、羲二侄正服官政，不宜中途解职，否则对门户不利。因为渡江以来，族中为官的，王澄、王棱、王含、王敦，“世将弟”、王邃先后死去，人才凋零了。既然朝廷有规定，二侄都可以不报丁艰云云。王彬的书信，同意王导提出的办法，理由也是“为宗族计”。

诸葛夫人看了二人的书信，反复思量，总觉得王导的主张不可行。琅琊王氏一族，从来以孝传家。服丧是人的孝思所系，丁艰正说明不能为了维系个人或者家族的名利而不行三年之丧。她还隐隐约约觉得王导不让两

个孩儿给丈夫服丧不利于洗雪丈夫的名誉。她本想一口回绝王导的办法，又觉得儿子已经成人了，听听他们的意见也好。

羲之和母亲的想法一样，认为应该堂堂正正地辞官服丧。他建议，哥嫂同母亲回建康乌衣巷旧宅守孝（阿哥阿嫂离开建康十年了），自己同妻子留在临川父亲墓前庐居三年。用这样的态度表示对当年造谣诬蔑父亲的人的轻视，且看他们谁敢说三道四。诸葛夫人听了甚觉安慰。不料籍之派人从安成带来了令她沮丧而且痛心的消息。

来人说，大郎君以为应当听从茂弘公和世儒公的劝告。夫人问他什么理由，此人是安成郡中的掾属，深于世故，见老夫人问话的词色不善，便吞吞吐吐地不明说。在夫人一再追问下，他才说，偶尔听到大郎君的侍童说，为着这事，郎君和少夫人争执过一番。诸葛夫人忙问："籍儿说了什么话？"这人说："只听使君告知，已经得到不久将升任江州刺史的消息，一报丁艰，便错过了这个机会。"

诸葛夫人猛地心中一沉，一时之间似乎失去了知觉。过了一阵她清醒了，定了定神，挥走了那个吓得面色发青的小吏，自己走向卧榻，倒身将息。她一时万念俱灰，想不到籍之为了贪恋一州刺史的位子，竟然不为父亲服三年之丧。后来又想，这也难怪他，他出仕太早，自己

和羲之在族中受大房二房的欺凌歧视的事他大都没有亲身领受，自己又少在身边教导。他一时不辨是非倒也难免。再一想，什么人会应许他可以升任江州刺史的？她不能不怀疑是王导放的风。她想羲之说的对，千里迢迢迎来丈夫遗骨，公开守孝，就是替丈夫洗雪名誉，有人以升官引诱儿子不守丧，这到底是为的什么呢？她一阵心痛，又不省人事了。

好像有人在极为遥远的地方呼唤着自己，渐渐地，诸葛夫人清醒了。守在榻前的是羲之和郗璇。羲之问："娘，怎么了？"她想了想发生的事，事关籍之，不便说出，只说："娘偶尔一阵心痛，大约将息几天就好了。"

然而，从此她的病一天重似一天。起先，神智还清醒，后来，昏迷症状不时发作。羲之与郗璇轮番守候在病榻前。有一天，郡民举荐来的一位老医师悄悄告诉羲之，对这样的无名杂症，自己已经无能为力，劝他对后事该做些准备。羲之大惊，赶紧派人去告知籍之。

这天傍晚，羲之在侍候，诸葛夫人忽然清醒了。她用微弱的声音呼唤正在打盹的羲之。羲之瞿然一惊，忙问："娘，可是觉得好些了？"

诸葛夫人却问："是不是已经派人去唤你阿哥了？"

羲之知道此事终究无法隐瞒，便说："只是请阿哥来陪伴陪伴你老人家的。"

"莫非医家嘱咐了你什么话？"

“啊，没有。”

“孩儿，休瞒我了。我的病怎么样，自己心里有数。能不能等到见你阿哥一面，也很难说。有几句紧要的话只好今天对你说了……啊，莫难过，且听娘说。万一娘有所不讳，向朝廷报丧时，务必先报父丧，后报母丧。这是至关重要的一件大事体，切不可为浮言巧语所动摇。办好了这件事，娘死也瞑目了。”

但是诸葛夫人终于支持到见了籍之一面。她没有责备籍之，只把嘱咐羲之的话对籍之说了一遍，籍之这才明白自己伤了母亲的心，十分内疚。可这种心情连周少夫人也无法告知，便整日在病榻前尽孝。三天之后，贤淑的诸葛夫人一瞑不起，籍之与羲之报了父母双丧，附带说明了从北土迎回父骨的事，择日打开父墓使二老合葬。籍之索性不回安成，派人告知属吏，由他们向新太守办交代，又把周氏接到临川。

兄弟二人商议，为了避免受到王导的影响，二人在临川庐墓一年，再回建康终丧。于是，葬母之后，在双亲墓旁盖了三间草庐，兄弟二人移居在内，旦夕往墓前参拜。二位少夫人住在私邸，轮流来送饮食，风雨无阻。

籍之与羲之不同，他已经为官多年，居移气，养移体，哪里过得了庐墓的清苦生活，过了不到两个月，偶染风寒，病却一直不见好。移回私邸去住，谁知缠绵床褥一个多月之后，竟也追随父母下世去了。

羲之连遭大丧，强自支撑着葬了兄长，心力交瘁，自己也染了病。这次郗夫人果断地决定，连寡嫂周夫人一起回建康。羲之无法拦阻，郗璇用钱帛雇了一家民户照看着公婆坟墓，然后经豫章、浔阳，回到建康，又住进乌衣巷故宅。有郗鉴、王彬延医调治，不久，渐告痊愈。

四

三年的丁艰家居，使王羲之有了一个内省的机会。开始，他脑中萦回的，是母亲抚育教养自己的声音笑貌。是自己受到长房王导、二房王含、王敦歧视时，母亲安慰自己要发奋图强、将来替阿爷争光的那种知心话。还有阿哥，当自己受到堂兄弟的欺凌时，他挺身而出保护自己的情景。这更加重了他的哀思。但是，这种深沉的哀思并不外露。在以孝治天下的两晋，居丧瘦得哀毁骨立，或者一恸而呕血数升，是士族子弟惯玩的把戏，其实那是做给外人看的。无人在旁边时，照常饮酒食肉、甚至于同妾婢调情。羲之和那一类人绝不相同，他的悲哀是深沉、真挚的。真正关心他的人因此设法宽解，郗鉴父子、庾亮的两位弟弟经常来看望他。郗鉴的长子郗愔，庾家的庾翼，都喜爱书法而且小有成就。彼此探讨书艺，使得羲之逐渐从悲哀中跳脱出来。

在那次鲍本北上取王旷遗骨之时，羲之曾经委托了

他另一件事：倘若路经许昌洛阳时，不妨代为寻访《受禅碑》、《三体石经》以及蔡邕、钟繇等人书写的碑文拓本。鲍本是个粗人，记不得许多名字，不过，他办事极为认真，在洛阳，居然从白马寺一个僧人那里买了许多碑帖。当羲之得到这些东西时，真个是惊喜交集。原来其中有几种精品，那是蔡邕的《三体石经》、李斯的泰山、峄山刻石，还有辨不出真伪的钟繇的《墓田丙舍帖》和张芝的《冠军帖》。只是羲之那时只作初步地观赏，两亲一兄的丧事接踵而来，没有时间临摹。如今守丧有暇，加上经常和庾翼、郗愔不时拿出各人的作品观摩，他开始临摹起这四种帖来。越临摹，他越体会到这几件书作各有各的精妙之处。然而这种精妙，似乎可以意会而不可以言传。在自己笔下，有时几个字甚或某几笔几乎得其神韵，可是再写之时，那点神韵又再不出现。而就在他以为自己愚鲁、永远不能追踪古人之时，庾翼却说他的书法大为精进。后人论书法时，说王逸少的书法，在临川时，尚无过人之处，到了永和年间，才成为妙品、神品。神品，谈何容易？历史上那么多书法名家，其书作可以列为神品的，不过有限的几个人。达到神品阶段，除了天赋、勤奋加妙悟之外，还要有个由量变到质变的过程。今天看起来，王羲之三年居丧时间，正是在这过程中坚实地迈着步子。

真正宽解羲之的，还是郗璇。她对丈夫的郁闷忧伤，

很少设词安慰，只是无微不至地关怀他的饮食寒暖。有时，携了儿子玄之、凝之，女儿孟姜坐在羲之身边给他们讲阿爷的故乡琅琊临沂，讲自己怎么随着外祖父在峄山，时常吃都吃不上，讲孩儿的祖母是一个多么慈祥、贤惠又有决断的人。这不但宽解了羲之的哀痛，还使他记起自己的职责，他开始教玄之学书了。

王彬自然关心这个与自己性情相投的侄子，不过，他正负责修建新宫，忙忙碌碌，总是与羲之说不上几句话就走。至于郗鉴，仍然镇守广陵，他对羲之是另一种关怀法。羲之的一切情况，他大多从长子郗愔口中听到了。有一次，他因公事去建康，专门看望了羲之，这时是成帝咸和七年（公元 332 年）秋季。一开头，他谈到羲之丧服期满后服官的问题，他问羲之有何打算。

有何打算？羲之其实连想还没有想这件事哩。可是，面对岳父严肃的询问，羲之却说出另外一番话来。他说，在临川时，他想做一个循吏，将来载入史册，就可以算得上“扬名声、显父母”了，可是他没有做到，是自己没有努力去做吗？不是。他向郗鉴推心置腹地说，他不愿意像旁人那样清谈度日，坐耗官禄。他也不想如王导几次向他示意的，留在京城，作个清望官。怎么办呢，自己实在想不出来。这些话，贮之心中久矣，没有人可以为他指路。他还说了居丧期间的体会，自己性格本来恬淡，并不热衷于仕宦生活。淡于权势，也淡于利禄，

要不是为了养育妻子、重振家声，真想过一种平静、安逸的隐退生活。这几种碰撞甚至矛盾的想法，使他困惑，有时甚至苦恼。

郗鉴静静听完羲之的话，沉思了好一阵，然后双目炯炯地注视着羲之说："逸少，你有心为生民立命，做个贤使君，名垂青史，这个想法乃是圣贤学问、豪杰事业，初衷原是对的。可是为什么又觉得做起来很难呢？我便把为宦十年的一些看法告诉你。首先，我朝虽说中兴，可是缺少开国的一种政治清明的恢宏气象。因此你要做一个循吏，在当今乃是众醉独醒，还说不定英才遭忌。想凭着个人力量改变众人尸位素餐的世风确是不易。不过换一个办法，在一州一郡做些泽加一方的事，倒是可以做到的。其次，我朝的积弊，主要的是租重役繁，军事征发过多。你在临川，已经明白了郡县吏胥上下其手的蠹民办法。可是，是谁下令征收这些租赋军实的呢？你就是在台省为官也弄不清楚。老夫想，你要是能到一位开府大将的幕中历练一番，再出任郡守州牧，就会原原本本地弄清楚这些苛政的来龙去脉，那时再想匡正补救之法，也许能收到实效。至少可以不受下吏蒙蔽，做些为民分忧的事。第三，我知道你不愿意在令叔茂弘公的荫庇下为官。不过他如今对从前做过的一些事已经感到后悔。我最近救了他一难，他说，想要对你服满后的升迁尽点力，你不妨和他谈一谈。"

郗鉴的一席话使羲之茅塞顿开。不过，对于王导举荐他升迁，仍然不想接受。几天以后，王导来看他了。王导这时身为太傅、丞相，亲自登门看堂侄，可谓屈尊下顾，然而一点也没有摆重臣、长辈的架子。进门坐定后，他缓缓说起："贤侄，你孝服满了以后，我打算举荐你出任吏部尚书或者侍中。吏部是尚书台的要职，专司激扬清浊，进退百官。侍中是陛下近身之官，又是当年世宏阿哥做过的官，都是三品官，高于不带军号的州刺史。贤侄可以在二者之中任选其一。"

"谢阿叔栽培，愚侄不愿意出任这两种官职。"羲之的语调也很缓慢，但是很坚定。

"贤侄，我知道你的心意，你不愿意由我举荐为官。可是?"

羲之默默不语。在王导看来，他这是默认了。于是叹口气，又说："我知道你怪我不早日荐你出仕，籍侄长期滞留在安成太守任上，我没有帮他早日升迁。不过，我也有难处。世宏阿哥的下落一时没有弄清楚，谣诼纷纭，我不得不谨慎从事，因此就委屈了两位贤侄。"

羲之心想：什么谣诼纷纭，还不是阿黑造谣，你为之煽惑的。但是听了郗鉴的话，他便强制自己的不满意，想弄清楚这一回是个什么理由使他不得不举荐自己。

王导见羲之仍是沉默着，不得不进一步认错了："当年，阿黑做了一些不该做的事，我也受了他哄弄。可他

如今已是泉下的人，又落了个叛臣恶名，就不忍再去说他了。”

羲之想，认错到如此地步，也实在难为了这位身为族长的阿叔，于是面色缓和了下来。王导见状，态度更加诚恳了：“哎，有些事我也是经了苏峻之乱才看明白的。苏峻尊敬我，本是利用我的身份掩饰他篡位的野心。我一时糊涂，没有和庾元规一起逃离建康。世儒弟在建康受虐待，我却受优待，事后百官怎样看我，我岂能耳无所闻。阿悦和我一起留在了建康，眼见苏峻势败，我再带了他和阿恬出城投奔陶侃，孩儿的声名也被我带累了。当年阮光禄把你和阿悦、阿应称为我王氏三少，我还觉得你不能和他们两人并列。今天才知道你端正有守，是我族中少有的俊才，不宜埋没，才举荐你。”

羲之说：“阿叔曾举荐了不少名士，像王仲祖和王怀祖[4]，大约不会有人说阿叔不举贤了，何必再下顾到正丁艰的愚侄?”王导苦笑着说：“这正是我犯了大错。如今，太原王氏声势越来越强，我琅琊王氏，我这一辈，除了处仲和世儒以外，都下世了，再不举荐你任朝中要职，门户单薄，我就愧对祖宗。”

“阿叔三朝元老，位为上公，族中有你老人家一人支撑就行，怎能说门庭单薄?”

王导声音放低，像耳语一样说：“前几天，庾元规有一封密书与你岳丈，商议要废黜我，说我身为太傅，愚

弄主上。最厉害的几句话是‘万乘之君，寄坐上九，亢龙之爻，有位无人。挟震主之威以临制百官，百官莫之敢忤。赵贾之徒[5]，有无君之心，是而可忍，孰不可忍!’还劝你岳丈：‘公与下官，并蒙先朝厚顾，荷付托之任。大奸不扫，何以见先帝于陛下!’幸而你岳丈没有同意罢黜我，否则，我连性命都保不住，还说什么支撑门户。因此，真是为全族门户计，才举荐你。你和庾元规兄弟交情深厚，加上你岳父扶持，一定能支撑琅琊王氏一族。你，你可以不念旧怨，答应我吗?”

这一段话，改变了羲之对王导的看法。他想：这位阿叔，为了和刘隗势不两立，迁就了阿黑，竟致逼死元帝，也不一定是他的本意。以后为了保命，屈身于苏峻。晚年总想多一事不如少一事，昏聩颟顸，放纵坏人当道倒是有的，还不至于成为“大奸”。总是同族的长辈，能消解就替他消解一点吧。于是，他极为诚恳地说：“阿叔肺腑之言，愚侄记下了。他日愚侄服丧完了，无论在哪里为官，一定不忘记为我琅琊王氏争光。”

王导满意地走了。羲之也终于明白了岳父“救他一难”是怎么一回事。

五

武昌的南楼是江州治所的一处胜景。此楼远眺大江，视野极为空阔。春秋佳日，达官贵人们多爱到此游宴。

成帝咸和九年（公元234年）深秋的一个晚上，楼上灯烛辉煌，丝竹之声盈耳。原来新到任不久的征西将军、都督江、荆、豫、益、梁、雍六州诸军事庾亮和他的幕僚在此赏月。他受任征西将军之后，军府里很延揽了一些人才。这次小聚，也算是联欢性质。

庾亮还没有来，楼里乱哄哄的。歌伎们有的在演奏，人们有的在听，有的旁若无人地大声交谈，还不时发出争论声。只有西北角上一个窗子前，一人伫立窗旁，似乎眺望远处若隐若现的大江。其实，他什么也没有看，只是面对虚空想自己的心事。他就是新任征西军府参军的王羲之。他是服丧期满，庾翼奉了庾亮之命特地到建康敦聘来的。如今，他其实是在等候庾亮，因为庾冰告知，庾亮今夜要和他进行一次长谈。

他在想，这将是一次什么样的长谈？由于自己和庾翼、庾冰的交往，由于郗鉴和庾亮在平王敦、平苏峻两次大乱中的患难之交，庾亮对自己这个人应该是很熟悉的。谈王导的事？这种事庾亮是不会和自己谈的。那么，也许庾亮要了解一下自己入他幕府的真正原因和对这位府主的看法吧。不作朝中清贵之官而入大将幕府，自己是受了郗鉴的指教而来的。为了了解军府有哪些扰民的苛政，准备自己将来守州守郡时为民分忧。这些话能说吗？庾元规是不是个志在济民救民的重臣，能不能欣赏自己这种想法呢？提起庾亮是个什么样的府主，羲之如

今倒觉得自己的了解越来越与过去的印象相矛盾了。想当年他策划声讨王敦，很为朝野所钦服。后来，听说身为外戚，专权自恣，激反了苏峻，几乎使中兴的王朝夭折了，威望一落千丈。如今再度受到重用，身兼三州刺史，都督六州军事，权势比当年的王敦还重。他将怎么作这个征西将军呢？谁都知道所谓征西其实是征北。他真的有北伐中原、还于旧都的决心和能力吗，自己不懂战阵之事，怎么做参军呢？

忽然，楼上嘈杂的人声和弦管声一下子静了下来。倚窗深思的羲之心知庾亮来了，转身看时，但见群僚和众妓肃然而立，作迎接府主状。他轻笑了一声，仍站在原地未动。那庾亮带了十几个人上得楼来，用目光扫视了众人一遍，含笑而言："各位原来做什么的还做什么。老夫只是来凑一下热闹，赏月谈心，听歌咏怀，各适其乐才好。又不是公署相见，不必拘束。"说完，觅得胡床坐下，听了一会儿歌，又随意和几个僚属闲谈起来。等到众人都解除了拘束之后，他不动声色地悄悄走向羲之。羲之并未趋前迎接，只说了声："将军逸兴不浅。"庾亮呵呵笑道："逸少，你我熟人，以后私下交谈，尔汝相称即可。"说完，也走向楼窗，去望外面月光下的景物，一面，似不经意地问了一声："听说令岳丈把亮的一封书信给茂弘公看了？"

羲之谨慎地答道："据羲之所知，似乎是校尉陶称将

书中内容向家叔泄露的。”

“哦，原来如此。还听说茂弘公和你议论过书中的事，他是怎么说的呢？”

“家叔说得不多。只说年事已老，废黜与否，并不放在心上。”

借助远处灯烛微光，羲之看见庾亮异样地笑了笑，接着说了：“我也听说令叔当众宣称，元规如来，吾便角巾归第。逸少，你能相信令叔真个能弃权位如敝屣吗？”

羲之沉默不答。

庾亮又问了一遍，羲之才说道：“自王敦倡乱以来，王氏族中家事，公所尽知。王敦、苏峻先后两次占领建康，威胁乘舆，家叔那时并未角巾归第。今日恬退之言，或非本怀。”

庾亮响亮地笑了一阵说：“逸少快人快语，令人钦佩。来，我们坐了说。”原来侍从已经悄没声地把胡床放在了二人的身后。二人坐了，庾亮的侍从早已走开，实际上他们是在促膝密谈。庾亮说：“我听说，令叔要表你为吏部尚书，你拒绝了，却来屈就我这里一个小小的参军。真算是我的知己。朝廷不以我为不肖，让我接替陶侃太尉来镇守武昌，我要以肝脑涂地来报答陛下知遇之恩。目前，当务之急莫过于北伐。去年，胡奴石勒死了，如今听说石虎杀了石生、石朗、石宏、石恢，夺了天子之位。他们互相残杀，正是我们收复洛京的机会。我打

算部署诸将，大举北伐。可行与否，请逸少有以教我。”

羲之听了，感到惶惑不安。自己是后进之辈，又从来没有任过武将，怎么府主一上来就以如此重大之事垂询自己？他是个心口如一的人，既没有思想准备，又不知道庾亮的部署诸将是怎样一个部署法。他不想以空言搪塞庾亮。因而，惶惑了一阵之后，便老老实实地回答：“这么大的事，属下还从来没有想过，因而，不敢胡乱答对。”

“那不妨，逸少可以回去思索一下，以后再向我陈明尊见，好在出兵也不是旦夕之间的事情。”

“羲之还不知道府主的部署意图。”

庾亮把声音放低了说：“我素知你为人谨慎，倒不妨把大略方针告诉你。我想将来用毛宝和樊峻领精兵一万屯于邾城（今湖北黄冈市西北十里，隔江与晋之武昌、今之鄂城遥遥相对）作为根本。令陶承领部曲五千人进入沔中，再令稚恭镇江陵、陈嚣陈兵子午谷。一切布置妥当之后。我当亲自率领大军十万进据石城（今湖北钟祥市）为诸军声援。等几年之后，诸将士熟悉了战阵的事，就全军向河洛推进。那时应天时、顺人情，诛胡奴，雪国耻，岂不是千秋大业在指顾之中了吗？”

羲之听他语气甚壮，一时也受到鼓舞，便答应了认真思考一下。于是庾亮起身与其他幕僚谈话去了。羲之下意识地又凭窗而望。虽然有月光，还是望不见江北那

个邾城。他回忆了一遍庾亮那气势宏大的北伐部署，觉得似乎有些摸不着、说不清的疑虑袭上了心头。譬如说那个毛宝，是一员勇将，可为什么不把他留在武昌训练将士，却让他孤零零地守江北的邾城？听说前几年有人劝陶侃在邾城设防，陶侃说那地方离后赵疆土太近，又背水而阵，一旦赵兵来攻，援兵上不去，守兵也退不回来。陶侃是位老将，府主为什么和他背道而行……忽然人影错乱，烛光摇曳，一片脚步之声，原来庾亮已经下楼，盛会散了。

当真用了两天时间，羲之反复思索庾亮那北伐计划，却仍然拿不出自己的看法来。从关中子午谷到沔中、石城、邾城，这条战线只怕千里之长吧，自己又不知后赵的兵力怎样摆开，能说些什么呢？他这才发现，自己并非是一个幕僚全才。就政见来说，也谈不上什么高瞻远瞩。朝廷号称中兴，却僻居江左一隅。北伐，自然是当务之急。而自己却从来没有想过这个关系全局的事。想到这里，着实感到惭愧。怎样回复庾亮呢？他决定老老实实，说自己确实不懂军旅之事，即使因此被府主和同僚轻视也在所不惜。于是，他在南楼之会后的第三天去见庾亮，毫不掩饰地说出了自己不谙军旅、因此对府主的北伐方略不能献议。不过，顺便也把在南楼所想的对孤军伐守江北邾城及全军战线拉得过长两点说了出来。

从此以后，羲之渐渐感觉出来，庾亮对自己的态度

变得冷淡。虽然仍然以礼相待，但再也不像南楼晤谈那次一样推心置腹地以军务相询了。羲之自幼经历过宠辱交变的岁月，不是个患得患失的人。自思：身为僚属而不能献策，就是对职务的不能胜任，倒不如回归建康，也许跟着岳父学习点兵书将略什么的，以后等待时机再行出仕。不过，又怕贸然辞职会引起庾亮的猜疑。正好庾冰升迁振威将军、会稽内史，前来辞行，便把自己的想法毫无保留地说了出来。庾冰劝他无须辞职，并且说乃兄庾亮实际上很欣赏羲之那种知之为知之，不知为不知的诚实作风，认为不懂军事也不是多大的缺陷。庾冰走后，羲之又考虑了一阵子。终于认定，幕僚一职，倘若无所献替，只是俯仰随人，优游岁月，未免太乏味了。他勉强敷衍了一阵子，到了成帝改元咸康的第二年（公元 336 年）年初，叔父王彬去世，他便以此为借口，要求解职去建康奔丧。庾亮大约从庾冰口中听到了羲之的意愿，反而更加尊重他不想无功而受禄，不贪图官位的耿直性格，便允许了他去奔丧，并且说明在建康住多久都可以，只是，最终仍须回来辅佐自己。羲之答应了。

他在建康一住就是两年，这是因为他发现庾亮与族叔王导之间的矛盾越来越厉害，而他不愿意陷入其中。他很想安居建康，习书教子，就此退隐。但等到和郗鉴几番谈话之后，又逐渐改变了看法。郗鉴说，庾、王不和，由来已久，自己对王导执政、暮气越来越深也很不

满意。但是，有自己从中调和，决不会演出将相不和的大乱子来。因为受明帝遗诏辅政的大臣，只剩下自己和庾、王三个人了，合则对国家有利，离则两伤。郗鉴也直率地说出了对羲之的评价。几年的从政，家庭历遭大丧而独力支撑门庭，已经把爱婿磨炼得具备了坚毅、沉着、诚笃可靠的气质，更难得的是知道自己才有所短，学有所不足，不仅要探讨经纶济世之学，而且想学兵书战略的这种积极用世的精神。他把自己多年来主持军务的主要心得告诉了羲之：处此乱世，战阵之事不可不讲求。学一点兵法，对北方山川及胡兵的虚实也应该多留意。但是从自己坚守峄山的经验中，特别告诫羲之注意两条：一是与士卒同甘苦，爱兵如子。在石勒重兵压境之下，全军和自己同死生，就是由于爱戴自己这个主帅；二是要爱民，不可扰民，要记住“民为邦本，本固邦宁”的古训。

听了岳父的教导，又默察了当时的局势之后，羲之决定，先回到庾亮幕中，看一看这两三年中他北伐的准备工作做得怎样了。如果真的已经准备好，自己便随他一同督兵北上，在兵间历练历练。倘若他一切还茫无头绪，可以向他请求让自己再守一郡，做点亲民之事。

咸康五年（公元 339 年）春天，羲之又回到了武昌，得知庾亮以为已经准备好了，就要上疏请求率军十万移镇石城。羲之向同僚打听了一下，庾亮对军粮以及兵器

物资的储存并未在意。十万大军也是虚数，真正临阵之际，怕是连五万精兵都调动不出来。他犹豫了好一阵，最后决定劝阻主帅一下，约了个时间去见庾亮。他从王导与郗鉴对北伐的不同态度谈起，说王导赞成立即北伐，但自己怀疑他是别有用心。郗鉴呢，羲之只转述了他所说的八个字："资用未备，不可大举。"庾亮听了未置可否。但后来，羲之知道自己一番心血白费了。因为不久，庾亮便上疏请求移镇，大意是，今蜀甚弱而胡尚强，欲率大众十万移镇石城，遣诸军罗布江沔，为伐赵之规云云。羲之认真考虑了一番，觉得到了合则留、不合则去的时候了。他决定辞去征西参军之职，并且立即回建康去。

庾亮五月上的奏疏，六月，太常蔡谟上疏反对北伐。以为石虎尚强，兵力不敌，溯沔水（指今之汉江自武汉至襄樊一带那段江面）而上，水急岸高，易遭敌人袭击。庾亮依然坚持自己的主张。也算巧，七月，王导去世了。羲之依丧礼本来不必奔丧。他以为，王悦先王导而死，王导次子王恬年龄轻了一些，自己有必要去帮助主持丧事。给庾亮留下一封书信，觅船下行，回建康去了。

为族叔办理丧事，使羲之又一次体会到世态的炎凉和人心的反复。尽管朝廷给了王导充分的哀荣——皇帝在朝堂举哀三日、赐九游辒凉车、黄屋左纛、前后羽葆鼓吹等——但是显贵们前来吊丧的七零八落，有的借故

不来。羲之这一次体会到王导常说的“宗族衰微”的含义了。叔父一辈人，王舒、王彬、王导先后死去，族中没有高官，趋炎附势的人自然就不愿意上门。他连办了几件大丧，王导的四个儿子王悦、王洽、王劭、王荟一切依靠羲之，丧事办得井井有条。

再一次祸不单行。这一年八月，郗鉴又去世了。郗愔、郗昙未经过大事，又是羲之强忍着哀痛，帮助郗府办了丧事。愔、昙二人守孝，郗璇以长姐的身份留下协理家务。忙忙乱乱，一个月过去了。九月，庾亮的信使到了建康，告诉羲之，已经任命他为征西将军府长史，庾亮希望他早日回武昌。长史，是军府的首席幕僚，庾亮忽然提升他的官职，必有缘故。他紧急安排了一下家事——他这一年虽只三十七岁，却有了一个女儿、六个儿子——匆匆赶回武昌，已经是仲冬十一月了。

① 周抚的父亲周访是王敦最害怕的东晋大臣，访死，周抚却跟着王敦造反。后自首，明帝赦免其罪。这时，正镇守襄阳。

② 详见陈寅恪《金明馆丛稿初编》中《天师道与滨海地域之关系》一文。

③ 心丧：《通典》：“沉哀在心，故谓之心丧。外无节文，故服祭并缺也（不穿丧服，只在心中悼念）。”丁艰：指旧时遭父母之丧，为官的要辞官守孝三年（以九

个月代一年)。

④ 太原王氏的王濛和王述。

⑤ 赵胤、贾宁，都是王导手下的武官。

偶赋凌云偶倦飞

一

在路上，羲之已经猜到庾亮重用他的原因了。原来，庾亮还没来得及移镇石城，后赵已经抢先出兵，打破了庾亮的计划。后赵第三代国主石虎诛戮兄弟，稳住了地位之后，就有南侵的意图。他探得毛宝孤军戍守石城，就派夔安为主帅，提兵五万人，五员战将率领，进攻荆扬二州，以牵制晋军兵力。另以精兵二万猛扑郝城。毛宝求救，庾亮没有及时应援。结果城池失守，毛宝、樊峻在突围中溺水而死，兵士死了六千余人。石城也差一点被后赵攻陷。沔水以东处处残破，夔安驱掠居民七千余户北去。败局已定之后，庾亮上表要求自贬三级，行安西将军。朝廷不预备处分他，有诏恢复他原来的职位，后来要征他还朝任司徒、扬州刺史、录尚书事。

羲之理解庾亮如今一定追悔没有听自己的话，为了亡羊补牢，才预备升迁自己为长史，也许含有补过的意思。然而，到了武昌以后，他才知道庾亮忧愤成疾，病得很重。

刚安定下来，庾翼便看望他了，传庾亮的话，说自己的病稍好一些，便接见他，有要事相商。羲之与庾翼是旧交了，过去只是谈论书法，从来不谈政局时事，这次听他谈到邾城之败，才知道他的识见，竟然高出庾亮一筹。庾翼以为，失败的关键不在于令毛宝守邾城，而在于不能及时救援邾地。他劝过庾亮，既然要提兵十万和后赵决战，何不全军渡江，吞掉夔安这一路偏师，那时兵威大振，可以进军司州、豫州，可惜庾亮不听，坐失良机。羲之先还以为庾翼也许是事后说大 话。庾翼又说到后赵兵马围石城时，自己出兵护送粮草兵器，接济守将竟陵太守李阳，并说守住石城是李阳的功劳，这才对他钦佩起来。待到庾翼告知庾亮兵败之后发现了羲之昔日对自己的陈词大有见识，打算为国储才，举荐他出任一个要郡的郡守时，觉得出乎意料。庾亮只是缺乏将略，倒是个老成谋国的人。

他在庾翼告辞之后，考虑了一下再任郡守的事，觉得倒是符合岳父指点自己的出路，只是自己本是为了助庾亮一臂之力来的，并非志在为自己谋出路。留在他身边，参军也好，长史也好，先求为他分忧。理郡的事，

以后再说。要是庾亮谈到荐举自己的事，便这样回答。

庾亮接见他时，已是年尾，一见面，庾亮委顿不堪，说话有气无力，使他预感到有些不妙。幸而庾亮的神智还清醒。他首先为王导、郗鉴的丧事自己不能亲临吊唁道了歉。接着，直截了当地说："逸少，当初我没有采纳你的嘉谋，致有邾城之败，悔恨莫及。"

羲之不便说别的，只劝解了一句："一时小挫，无关大局，待将军贵体康强以后，重议北伐大计不晚。"

"唉，老夫的病状自己知道，只怕难以痊愈。千里迢迢招你来此，本来另有用意。你自谦不懂军旅之事，其实大有见识，时艰事危，正需要你这样有主见、不肯随波逐流的人。昨日老夫已派人拜表，举荐你为宁远将军、江州刺史了。"

"啊!"羲之吃了一惊。江州属下十个郡，上接荆州，下带扬州，居中以控制东西，屏障帝京建康，最是冲要之地，怎么突然交给自己？于是，他遑惑地说："羲之何德何能，堪当此重任!"

"老夫已经拜表，如果朝廷有旨意下来，逸少也不必辞让。"说完这话便喘息不止，羲之只好辞出。到了外面，他对庾翼说自己实在才不足以牧江州，还是换个人好。庾翼沉吟了一阵子，说："待我禀知家兄，将荐表追回吧。"

也不知荐表追回来没有，刚交咸康六年（公元 340

年)，庾亮便逝世了。接连失去王导、郗鉴、庾亮三个重臣，朝中自然受到大的震动。所幸成帝年龄已大，也有些主见。朝内，以护军将军、录尚书何充为中书令，外镇，便以庾翼为都督江、荆、司、雍、梁、益六州诸军事、安西将军，荆州刺史，假节，代替庾亮镇守武昌。庾冰已经由会稽内史内调为中书监、扬州刺史，都督扬、豫、兖三州军事，征虏将军，假节。而江州刺史却除授了王舒之子、羲之的堂兄西中郎将王允之[1]，并改授南中郎将。

羲之本来无意为江州刺史，王允之出任也好，旁人出任也好，他并没有放在心上。庾翼初膺重任，担子很重，他请求羲之继续担任军府长史，另一个名士殷浩继续担任军府司马。羲之与殷浩商量了一下，爽快地答应了。有了他们的真心辅佐，庾翼又比庾亮有才能，因此庾翼的措施，当时人评之为“戎政严明，经略深远……人情翕然，称其才干”。

大约两年之后，江州出了一件怪事，王羲之又被卷进去了。这时已经进入咸康八年（342 年）了，刚交正月，权寄州治于下江[2]的豫州刺史、庾冰、庾翼的哥哥庾怿忽然送了一坛子酒给江州刺史王允之。二州接界，刺史之间互送点礼物也是常事，何况又值新年之际。偏偏王允之疑心重，他开开封泥，倒一杯给养的小狗喝了，小狗立刻被毒死。庾怿是皇亲，两个弟弟是荆、扬两大

州的刺史，王允之对此事不敢声张，可又气不过，便秘密上表奏知皇帝。汉成帝因为早年年幼，庾亮辅政掌权，以“造反”的名义杀了南顿王司马宗，便当面顶撞过庾亮：“舅舅说人造反，就杀了。人要说舅舅你造反，怎么办?”如今年纪已大，又自己执政了，接到王允之的密奏，想起了当年那档子事，就气愤地说了一句：“大舅已经把天下弄乱了，小舅还要学他的样吗?”自然，这话很快地传到庾怿耳中。他理亏，怕被治罪，便自杀了。

王允之没有想到是这样一个结果。他是个聪明人，分析了一下前因后果。他想当庾亮死后，江州刺史出了缺，何充与庾冰同录尚书事，当时庾怿刚以建威将军的身份从梁州（今陕西汉中一带）带领部下兵马调回，驻在豫州境内，定是何充建议以庾怿为江州刺史。庾冰一定以为兄弟三人分领荆、江、扬三大州刺史，权势太重，怕人议论，便把自己由西中郎将转为南中郎将，由监扬州江西四郡事（实际上的豫州刺史）升迁江州刺史，而把自己的西中郎将转给了庾怿，再优待一下，加了实缺的豫州刺史。这一变动，平衡各方的力量，本来处理得很合适。却不料庾怿志在任江州刺史，倚仗帝舅之尊，采取了那么一个荒唐而又莽撞的办法，心中沾沾自喜，以为一旦毒死了自己，江州刺史非他莫属，不料弄巧成拙，他自己反而送了命。从表面上看，自己获得了胜利。然而庾怿的自杀，固然由于皇帝发了话，可是如果没有

自己秘密告上那一状，就不会有目前的尴尬局面。无论如何，庾怿一死，人们的同情会立刻转向了他。那酒是否毒酒，自己也说不明白了。庾冰和庾翼，对这事又会怎么想呢？

想来想去，江州刺史这个职位自己是非辞掉不可了。不过，辞职的理由必须是冠冕堂皇的，直白说明前因后果，对庾氏和自己两方面都不利，也使何充和庾冰不好处理。还有，谁继任江州刺史呢？这是个极为微妙的问题，这个人选，必须被人认为与双方的关系都是极为密切的才行。

王恬的守丧期已经满了，他将出任何职呢？王允之不知根据哪里得来的消息[3]，说朝廷要他出任豫章太守。于是王允之致书庾冰，说王恬是丞相的儿子，不可以去远郡为太守，愿意把自己的江州让给他。王恬调豫章的事既属子虚乌有，让江州的理由就显得离奇。不过他总算把自己的意愿传达出去了。

王羲之突然接到诏书，升为宁远将军、江州刺史。庾翼把王允之不安于位的苦衷向他说了。羲之不知道选自己填补这个空缺到底是庾氏兄弟的意思还是王允之的意思，不大愿意接任。庾翼却说其实这本是亡兄庾亮的意思，羲之任这个职位，无人不服云云。羲之从多方面考虑之后，终于答应了。因为，无论如何，是以朝廷诏书的形式除授自己刺江州的，庾氏与王允之的矛盾就与

自己无关了。

不料，王允之拖拖拉拉不认真办交代，因为他的新职没有公布，直到六月底、七月初，羲之才接了江州刺史和宁远将军的篆印。八月王允之去建康就任卫将军。不久，他突然死去，享年仅四十岁。正在羲之已经接任尚未办好交代之时，晋成帝也去世了。琅琊王司马岳即帝位（便是历史上所称的晋康帝），辅政的大臣仍然是何充和庾冰。虽然新旧皇帝交替，对外官的影响不如对朝官大，但是服国丧，大赦，拜表称贺，也够羲之忙上一阵子的。这边刚忙完，羲之还未来得及摸清楚全州十个郡太守谁称职谁不称职，又是一次戏剧性的变化。原来，新皇帝的岳父褚裒父以女贵，该迁官了。何充为了不主张立司马岳为皇帝，在朝中待不住，到京口作徐州刺史去了。庾冰大权独揽，安排褚裒为尚书、侍中。这个褚裒却怪，不愿意在朝里为官，坚决要求做外官。以他的身份，相当的官职就是州刺史。这使庾冰很为难。徐州、豫州地方太小，而上游沿江三大州呢，荆州、扬州是无论如何不愿意让出来的，惟一可以让出的便是江州，而江州刺史王羲之刚上任才四个多月，让他让位，怎么跟他说呢？

幸而羲之并不是死抱住权势不放、患得患失的人。庾冰的使者百般譬喻以解释不得不任命褚裒为江州刺史，并且暗示要推荐羲之出任本来留给褚裒的尚书和侍中时，

羲之表现出了识大体之举。他爽快地应诺了辞去江州刺史，对任命他为什么样的中朝官没有表示态度。经历了官场如此奇异的变幻，使他又成熟了一些，他想认真反思一下由军府高级幕僚到雄州的刺史这一段生活的得与失以后，再考虑下一步的事。他买舟东下，正赶上年底到了建康，他实在也想念郗璇和六子一女④，急于早一天见到他们。

转过年去，新皇帝改元建元元年（公元 343 年），不久，羲之就知道庾冰应许下的任命自己为尚书、侍中的事一时不能兑现了。因为庾翼想要完成庾亮未成功的北伐事业，正在积极调兵聚粮。朝廷中，庾冰，谯王司马无忌和琅琊内史桓温支持他。七月，借后赵汝南太守戴开率领数千兵马向他投降的机会，请朝廷下诏大臣共议经略中原之事，一方面，下令征发六州在奴籍的人为兵，征发州民的车马牛驴运输物资。九月，率四万大军向襄阳移动，朝廷加他都督征讨诸军事军号，又改扬州刺史庾冰领江州刺史，镇守武昌，为庾翼作声援。庾氏兄弟这大规模的军事调动，一直进行到年底。朝中，执掌政务的换上了何充与褚裒。王羲之当初就不甚认真对待任命自己为尚书侍中这种许愿的话。经了一年的家居，他倒是觉得生活的平静，远胜于官场中的钩心斗角，要不是考虑着怎么养活这一大家子人口，他真想就此弃官归隐。

二

康帝建元二年（公元344年）春天，王羲之与内弟郗愔站在会稽郡山阴县（今浙江绍兴市）的会稽山上，望着烟波浩渺的鉴湖和附近一片新绿的水田，心情十分开朗。他信口吟道：“山阴道上行，如在画中游。”然后对郗愔说：“方回阿弟，好像当年中宗元皇帝对诸葛大令说过：‘今之会稽，昔之关中。足食足兵，在于良守。’不过，敬豫在这郡中的政绩却不怎么好。可惜这么一座名郡交给了他。”

郗愔有些不屑地说：“贵族中这个阿螭[5]，哪里是守郡之才，他无非看上这州富庶，多积敛一些财物罢了。我说，姐丈，你何不求求庾季坚，代替阿螭任这会稽内史？他罢了你的江州刺史一年多了，难道不该补偿一下？”

羲之说：“庾季坚正忙着帮乃兄经理北伐调拨粮草兵马的事，哪里顾得到我的事，他人在江州，已经管不了朝中大政了。再说，阿螭政绩好坏是他的事，我也没有理由代替他。不过，有一件事你说对了，自从一到东土，我就爱上了这佳绝的山水，以后有机会，我真想带领全家终老于此乡呢。”

“啊，怪不得你专程到这里来买田地呢。”

原来，羲之家居一年之后，因为子女众多，历年的宦囊加上妻子当年的陪嫁，渐渐有坐吃山空之势。虽然，凭着琅琊王氏子弟的声威和自己为了顾全大局而让出江州这两条，上书执政，守一个富庶的郡还是不成问题的。无奈天生的骨鲠性格，使他不愿意去求何充和褚裒，更不愿意要求庾冰实现那只凭使者口头一说，查无实据的诺言。他在与妻子商量之后，便打算趁着还有些积蓄的机会，置办些田产作为退路。恰巧王恬调来会稽，感念他当年帮助办理王导丧事的亲情，约他来会稽一游。正好郗愔新除授临海（今浙江临海市一带）太守，要经过会稽去上任，便相携着来到山阴共同游览一番。他借了郗愔一些钱连同自己的钱买下了一些田地。郗愔，虽然没有郗鉴的文韬武略，却极善于理财，已经积有百万之富。他虽然为人吝啬，对于羲之却乐于大量资助。他自己准备在剡县临海一带大量买田，以为羲之的想法和自己一样，所以才说了那么一句话。

羲之摇了摇头："我不是专门来大量买田的。当然，也想置一点产业，主要的还是想来东土看上一看。如今实在喜欢这个地方，才决定留一条后路，置上一点田产，把双亲的坟墓从临川迁过来。田产不够，以后陆续添置就是。"

"哦，原来如此。不过，姐丈，我此行带的钱帛很多。你知道，那建康、吴郡、吴兴一带的田地，早已被

吴儿大姓顾、陆、朱、张、沈、周、贺他们占去了。咱们过江的侨姓，只好到这东土购买田产。你如今要不打下坚实的基业，怕用不了几年，此一方的田土也要叫人买光了。我到了临海，替你再置些产业，如何?”

羲之笑了一笑："再说吧。不过，我明天要回建康去了。总之，此行不虚，啊，此行不虚。"

“何必如此匆匆？哦，你是关心阿姐。”原来郗璇早已怀孕，又快要临盆了。

羲之回到建康以后，将此行结果告诉了妻子郗璇。她听了很高兴，同时，告诉羲之一个消息：尚书台派人来传了一个口信，朝廷有心征他出任侍中。

羲之于不意外中又感到一点意外。他想，莫非庾季坚举荐了我？又一想，不大可能，庾冰这个人的性格他知道，他不在中朝执政，就不想干涉尚书台的政务。可是，除了二庾之外，谁还会关心他这个只做了半任临川太守和四个月江州刺史的人呢？他对郗璇说："奇怪，我就想不出朝廷里还有谁赏识我王羲之，如今我们王氏门中和你郗氏门中，职位最高的也不过是太守，咱们两族风光的日子过去了。而且一举荐就是侍中，此人官职必定不低。"

“想不出来就不必想了。不过，你是不是打算应征出仕呢?”

“眼前我还不想出仕，至少得你生下孩儿再说。还

有，你看凝之已经到了成婚的年龄了。我在庾稚恭处认识了陈郡谢尚，听说他有个侄女叫道蕴，德才貌识是全族之冠。她父亲谢奕也和我有数面之交。我已经托人去求婚了。要是说成了，还不是得我在家中主持。以后男婚女嫁，还够咱们忙一阵子的。出仕的事你不必管，尚书台再有人来，由我辞谢算了。”

不久，羲之得了第七个儿子，取名献之，乳名官奴[6]。建康的友人也有来道贺的，不过远远不是当年郗鉴、王彬为高官时生玄之、凝之那样门庭若市的情况了。好在羲之与郗璇为人恬淡，宠辱不惊，倒也不计较这一些。令他们更高兴的是，谢奕接受了羲之为子求婚的事。这虽然是羲之家中儿辈里第二个娶亲的，但郗璇知道新妇谢道蕴是有名的才女，便大备六礼，隆重地迎娶了过来。羲之说，却庆幸凝之的婚事办得及时。因为，这边喜事刚办完，才登基两年的康帝便驾崩了。大行皇帝的丧期中民间照例是禁止嫁娶的。

接着即位的是史家称为穆帝的司马聃。

劝羲之出任侍中的尚书台官员没有再来。开始，羲之以为是由于康帝驾崩的缘故。后来，他似乎渐渐明白了真正的原因。这年十二月，庾冰被调回朝中辅政，因病重不能成行。不久，死在了武昌。次年，也就是穆帝改元永和元年（公元 345 年）的七月，正在积极筹措北伐的庾翼也死在了任上。庾氏的衰微给朝政带来大的变

化，建康城中已经是面临着官场大换班了，那位尚书台官也不知何往。对这件事，王羲之一直是淡淡的，既不患得，自然也不患失。却是二庾之死，很令他哀悼了一些日子，他觉得，了解自己的人越来越少了。还有，庾翼一死，可以谈谈书法的，就只剩下了自己的内弟郗愔。

迤逦到了永和二年（公元346年），献之三岁了，女儿孟姜[⑦]又应时出嫁。家务缠身，羲之早已把出仕之事置之脑后了。忽然，这回有诏书下来了，征他为吏部尚书。他甚为惊奇，对妻子说："朝中大佬，是谁还记得我呢？"不料，郗璇回答道："我知道是谁举荐你的。"

"啊，那是谁？"

"是蔡谟。上回征你为侍中，也是他举荐的。你不应征辟，他很惋惜。如今他领司徒，和会稽大王共同辅政，很想找一个能够勤劳王事的人共同议政。他与我父亲关系很深，早就知道你的为人了。先父临终时，举荐他为征北将军、徐州刺史，他一直想感恩图报。朝廷把你从江州调回，应许了你继任褚裒辞去的侍中和尚书，却迟迟不下诏书。他愤愤不平，先后以侍中和吏部尚书相召，就是说你早该担任这两个职务了。因此，你是否应征，妾以为……"

羲之已经明白她是希望自己应诏到任的了。但是，沉思了一阵之后，他仍想静观一下形势再说，因为他听说会稽王司马昱作了辅政大臣，便想起了咸和年间的旧

事。那时司马昱初封会稽王，年方七八岁，自己被任命为王友，只是陪伴他接见宾客以及嬉戏而已。虽然自己比他大十几岁，相处得却是很好。想着等一等，看这位大王对征召自己为尚书的事意向如何。他说："吏部尚书主管选举用人大事，我性格骨鲠，担任此职未必适宜，先上表辞一下再看吧。"郗璇信服丈夫的为人，不再劝他了。

辞表上去后不久，又有诏书下来。这回是任命他为护军将军。羲之还以为是因为自己不宜担任吏部尚书的话被传出来所致，后来才知道又有一个人插手自己出仕的事了，此人便是一同在庾亮、庾翼幕府中的殷浩。他离开幕府后，居住在母亲墓所好几年，这次被会稽王请了出来。他觉得羲之隐居家中好几年，和自己差不多，便向司马昱举荐说羲之文武才干俱都优长，堪任四品官职，才有了这道改授为武官的诏书。

羲之有点好笑，自己兼任宁远将军才四个月就离职，怎见得就才干优长？这个殷浩，想必以为自己劝庾亮不要把孤军摆在邾城，后来邾城失陷，就算深谙武略了。《孙子兵法》说："兵者国之大事，死生之地，存亡之道"，挑选一员武将，岂是容易的事。自己不愿意像堂弟王恬那样，身为后将军却整天与人围棋。于是再次上表，说自己不娴武略，不堪为将。

转眼到了永和三年（公元 347 年）。羲之以为这一

回，护军将军又被自己辞下去了，因为殷浩父亲去世，早已丁艰守丧，再也没有人理会这件事。不料殷浩有股子锲而不舍的劲头，他在庐墓之际还派人送来一封短笺，上面说很多人都以阁下是否出仕来看国运的兴衰，我们也有同样的看法。既然如此，怎能拿国家的存亡来换你不做官的安闲生活？希望你理解大家的看法，不出仕，就无法表现你的政治才能了。

这实在使羲之为难，殷浩的深情厚意他理解，但是说“以足下出处足观政之隆替”，可有些过于高看了自己。羲之的头脑如今越来越清醒了。他知道自己虽然有强国富民的美好愿望，可是，要放在重要的职位上，真的就有医国之手吗？一向是朝廷上换一位皇帝，皇太后或皇后的父兄就调到中书令监和录尚书事的位子上去，小小的护军将军，不参与朝廷大政，怎么说得上关系国运的隆替。友人虽然对他期许很高，他不愿意落个盛名之下其实难副的评价。因此，虽然感激殷浩深厚的情意，还是打算婉言辞谢。

三

可是，怎么回答殷浩的来书呢？总不能说我的出处关系不到国运的隆替，你看错人了吧。

因此，经过反复的深思，他写了封书信，出奇致胜地回答了殷浩。但是，既出“奇兵”，就必然有所隐蔽，

也就使得后来研究王羲之的人对书信中某一部分不得确解，做出了大不相同的猜测。

书信的开头，说了几句被后人认为是照例的谦虚之词，其实却是大实话："我一直没有在朝堂里做高官的意思，家叔丞相公早有心推荐我，坚决没有同意，这种志向早就有了，并不由于足下辅政才谦辞这几种官职。"羲之在这里用了"素自无廊庙志"六个字，他的意思只是对朝中执政之官互相争权倾轧，而对人民疾苦却漠不关心看不惯，不愿意与这些人——代表人物是王导、庾亮——并列朝堂，并没有包括不愿为可以直接造福黎民百姓的地方官之意。后来，不研究王羲之一生事迹以及他在各个时期不同心理状态的人，据此认定他一向就反对做官。其实王羲之要真正不愿意为官，也不至于浮沉宦海二十余年之久了。他只是不愿意作尸位素餐的官僚，而要作有操守、有政绩的"循吏"而已。

接下去，羲之在书信中解释了四五年之中不出仕的原因："自从儿子成亲、女儿出嫁以后，就想效法古人向子平。这种志向，向亲朋好友表示过好几次了。"向子平，有的记载称为尚子平，是东汉人。他安贫不仕，儿女婚嫁的事情都办完了之后，就遨游名山，不知所终。羲之的这一段话，一方面表示，还有儿子没有解决婚姻问题，所以三次辞掉朝廷的征召。另方面，也流露出一种矛盾的心情。几年的类乎隐居的生活，诚然有乐趣，

但是把一生都放在办理儿女的事情上，一共有七子一女，都办完婚姻大事，早已年老，不能再为官，只有效法向子平了此一生，但一种不甘心和无可奈何的心情也流露出来了。

最后的一段，就是那难以解读的奇文了：“要是真想用我，倒想到巴蜀或者关陇一带去走上一趟。我虽然还没有作为特派使者那样的才能，可是能够不走样地宣扬国家的威德，不同于一般平庸无能的使者，定要叫远近的人知道我朝留心于“无外”，这比要我做护军更加有意义。汉朝末年曾经派太傅马日磾抚慰关东，如果不以为我官职轻微，做出这一决定，最好在初冬使我能动身。我现在恭敬地等待着命令。”王羲之忽然在谈了学向子平之后，又提出了真要使自己出山的话，愿使以特派使者的身份出使巴蜀和关陇，宣扬朝廷威德的要求，他到底怎样对待自己的出处呢？他的请求是认真严肃的还是以此为借口辞护军将军之职？

只有了解王羲之从起家为秘书郎至任江州刺史的坎坷仕途，他与郗鉴两次谈从政的理想，以及在现实生活中部分理想的破灭，了解他对自己对出仕问题不断的反思，他近几年来出仕与退隐思想的矛盾，才能了解羲之这一个令后世也不容易理解的出使的请求是认真和严肃的。也许正如他自己所说的“无专对之能”，但是针对当时新的情况，他确实想在一个新的政治领域里试试自己

的才能，而这个政治领域是被当权的大臣所忽略了的。

原来王羲之的这封书信所说的“初冬”，是指永和三年（公元 347 年）的初冬，因此信是这一年夏秋之间写的。这时，殷浩正在丁艰之中，尚未起复。而羲之信中所说的巴蜀和关陇是什么情况呢？先说巴蜀方面。在永和二年，东晋政治上一颗新星，代替了庾氏兄弟的安西将军桓温脱颖而出。他在这年十一月，请求出兵伐蜀。蜀地，即益州（今四川省），由十六国中的成国国主李势占住。成国建国已经四十多年，换了五代国主，可称根基巩固了。桓温办事可不像庾亮那样虚张声势，拖拖拉拉。他“拜表辄行（马上出兵）”，第二年春季就攻下了成都。成国国王李势逃到了葭萌（今四川昭化县），只好投降，不过全蜀仍然有零星的反抗力量。王羲之的意思是想以朝廷特使的身份而做安抚的工作。

再说关陇。关指关中（今陕西省），陇指陇东陇西（今甘肃省）。关，在十六国中后赵的统治之下，陇东也为后赵占领。但是，以凉州（今甘肃武威）为中心的陇西，却在前凉国主张重华的统治下，这是汉族建立的国家。张重华正在力抗后赵大将麻秋十万大军的进攻。他派人去建康，想向东晋讨个封号借以号召陇东居民反抗后赵。王羲之以为，朝廷应该派出人宣抚凉州，加强张重华的力量，抵抗后赵。

从王羲之的书信看，他的献计，还有更高一层的意

思。他想使关陇巴蜀的人民明白东晋朝廷的意思是“留心于无外”。庄子说过：“至大无外。”羲之用这个典故是指的中国的统一。的确，取得了巴蜀关陇，从那里出兵攻后赵，高屋建瓴直指洛京，比庾氏兄弟与后赵争汉沔以东，从战略上讲，高明得多了。

可惜，殷浩也好，会稽王司马昱也好，他们根本听不进羲之这个建议。一是他们没有这么高的见识，二是他们二人心目中藏着一件不可告人的心事——桓温立了大功，此人野心大，说不定回朝来争权，得想法压他一下。

这种心事，殷浩当然不便告诉羲之。出使巴蜀关陇的事自然没有下文，不过，殷浩起用王羲之的打算没有改变。永和四年（公元 328 年）七月，殷浩服丧期满，复任建武将军，扬州刺史，兼综朝政时，终于劝得王羲之出山，担任护军将军。

羲之终于出任护军将军，有两个考虑：一是殷浩刚一出任扬州刺史，就约王羲之一叙。这一回殷浩毫无隐晦地把中朝要对付桓温的秘密说了出来。说他同时起用羲之和荀羡，是为了加强建康附近的军事力量，并且说，这是会稽王亲自决定的。羲之为了与会稽王旧日的关系，不能再拒绝。可他也有另外一套打算。他不以为朝中密谋对付能征惯战的桓温是明智之举。将相不和，非国家之福。他打算以后寻觅机会调解殷浩与桓温之间的矛盾。

二是他是为了自己家庭而出仕的。当时，婚与宦是士家子弟的两件大事。儿子玄之、凝之、涣之都到了出仕的年龄，琅琊王氏虽然是高门，但是自己要是久居林下，没有官职，儿子的起家官就会受到影响，为此，郗璇劝过他。他想了想，世情如此，便答应了出任护军将军。

护军将军是专职武将，与羲之在江州刺史任上所加的宁远将军的职责是不同的。事先，羲之只知道护军将军主持武官的选任。一到任，才知道护军营是直属朝廷的兵马。不仅有定额的营兵，自己下面还有长史、司马、功曹、主簿、五官等官吏。如果受命出征时，还可以增设参军事。开国之初，护军和领军两营是朝廷的精兵，有别于各郡的兵马。可是，令羲之失望的是，他眼中看到的护军营，不但没有精锐的兵马，反而是一片凄惨的景象。

进入护军营，长史便要安排他一阅全军军容。他从郗鉴过去的教导中知道，倘若阅军，自己应该有一番对全军鼓励或者训示之言。前任将军在自己未到职时就离职走了，自己对营务可谓一无所知，说什么呢？因一向遇事认真对待，他先谢绝了阅军。然后约了长史、司马和主簿，先请他们介绍一下营务。主簿根据簿册，首先说明了全军应有的员额和实有的员额，又说了铠甲、兵器、仪仗、粮草、马匹和船只的数目，最后说了薪饷来源及支领情况，便像一个尽职尽责的幕僚那样闭了口，

还带出一种欣赏主官反应的狡黠表情。王羲之已经听出了实有兵额比编制兵额相差很多，兵器甲仗数额又远远少于实有兵额。而说到粮饷时主簿突然吞吞吐吐，言语不那么流畅了。他喜怒不形于色，接着听长史和司马的介绍。那二人似乎无话可说，竟不主动开口。双方沉默了一阵，长史撑不住劲儿了，试探着问了一句："主将还有何事垂询?"

羲之语调缓慢地说："尝闻国家养军是为了守土卫民。如今北土胡焰大张，但不知一旦朝廷调动我护军营应敌，能不能战必胜、攻必克?"司马刚要说什么，长史一面用眼色制止他，一面抢先回答："自从平定苏峻以后，二十年间，江左安定。护军营未曾临阵，实在不知道斗志是强是弱。"

羲之说："暂且不说斗志。那将士们的武艺、弓箭、阵法，该是经常操练了，想必全都精熟。"

三位属下大眼瞪小眼，无人作答。憋了一阵子，司马咕嘟着嘴说："饭都吃不饱，说什么操练！一操练，只怕多死几个。"

主簿的潇洒劲儿不见了，面色甚为难看。羲之问长史："朝廷每月到底发给多少薪饷粮米，都用到哪里去了?"

长史说："明日造个粮饷收支册子，请主将过目……"

羲之截住了他的话，严肃地说："明天卯末辰初，全军在校场列队，我要按册点验一下。各属官都参加，人马、甲胄、兵器全都带上。"

主簿怯怯地说："不少士卒患病，是否免点?"

羲之回答："患病的，我要去他们病榻前看望，一个也不得遗漏。"

四

护军营分中前左右后五营，按定额每营一千五百人。羲之在校场中所点验的实数还不足五千人。一部分人过老过小，另外那些壮年人也一大半面有菜色，显得虚弱。卧在营房中不能离榻的竟有几百人之多。羲之问了问，令他气愤的是竟然无人诊治。他问为什么，长史说军饷不继，司马却冷冷地说："反正死了有人递补，何必管他们死活。"

晚间长史去见羲之，说出了一点内情。据他说，兵额不足，是朝廷征兵之法不善造成的。甲兵不精，是因为前几任护军将军升迁时，带走了些坚甲利兵。这些下情，无法直接向执政大臣陈述。总之"这一切向来便如此，不能责怪哪一个人。"羲之听了感到他的话也有些道理，但却不尽不实，便不动声色地传见了那员司马，因为他注意到，这属吏是个正直的人。司马果然说出了本营的一些积弊：从主簿到营官、营中小将，处处克扣粮

饷，以至士卒食不果腹。当羲之表示要撤换主簿时，他却说出一番有见识的话来："末将只是一介武夫，在营中任职久了，觉得撤换主事的僚属，不是治本的办法。怎么改变征兵的弊端，才是根本大计。"

王羲之用了几近一个月的时间，遍访五营兵丁，亲切慰问，推心置腹地交谈。还令人请医生来营，诊治患病的人。渐渐地，他大体上明白役政上弊端的所在了。原来，本朝开国时，继承了魏朝的"兵户"制度。兵户非民户，被称为兵家子，世世代代服兵役。平日兵家子身份低下，生活困苦。由于兵士入营之后，身份和生活都没有改善，因此逃亡的很多。朝廷的法制是一人逃亡，一家补兵，一家逃亡，亲戚旁支补兵。后来扩大到一人逃亡，邻居补兵。对于这种命运，有些兵丁，告诉羲之时竟号啕大哭起来。那些不足十五岁的兵丁和年过五旬的，皆是因为族中没有成丁而被锁拿到营中的。这些，他在临川太守任上丝毫不知。

羲之反复思量这事，他明白了司马所说的果然是探本之言。但是，彻底改变役政，休说自己，怕是殷浩也难以有所作为。一连苦恼了好几天，他决定在自己任上，不能治本，也得作一点治标的事，不能对兵丁的苦痛漠然无动于衷。用了几天工夫，他写了一篇《临护军教》[8]，颁发下去。全文不长，语气诚恳。写的是：

今所在要公役均平。其差太史（幕僚）之忠谨在公

者，履行诸营，家至人告，畅吾乃心（说明我的心意）。其有老落笃癃（衰老多病），不堪从役，或有饥寒之色，不能自存者，区分处别（区别安置），自当参详其宜（处理得妥妥当当）。

由于缺乏历史记载（这么重要的改革腐败现状的文件，《王羲之传》竟然没有收入），王羲之的办法能否有成效，不得而知。但是中国古代的名将，凡是爱兵如子者，都在战场上得部下的死力相助。王羲之自以为不懂武事，他真的不懂武事吗?

任护军将军半年之后，已经进入了永和五年（公元349年）。在郗夫人看来，王羲之有点变了。他不像刚上任那样兴致勃勃，事必躬亲地处理营务，却开始多留在家中教起六岁的献之书法来了。她对丈夫的为人最为了解，就知道他一定在宦途上又遇到了困难。她怕忧能伤身，于是，拣一个羲之心平气和的时候，闲闲地谈道："护军营你去得少了，想是营务已经全部安排妥当?"羲之只是摇了摇头。于是郗璇又说："我有时听小弟阿昙说起，朝野清议都以为你整顿护军营弊政卓见成效。将吏兵丁都交口称赞，说你爱惜士卒，有古代名将之风。"

"夫人只知其一，不知其二。骂我、恨我，一心想把我赶走的人也不少呢。"

"那是什么人，又为了什么?"

"你也知道，我原意把护军营训练成一支精兵。经过

多方考察，觉得增加粮饷，补充精甲利兵，只是治标。治本的方法，在废除兵户，给士兵和编户齐民同等的身份。还要废除一兵逃亡，一户补兵，一户逃亡，全族补兵的株连法……”

郗璇点了点头：“这样做，果然于国于民有利。那你为何整天倒是面有忧色呢?”

“于国于民有利，可就是不利于豪家大族和官宦人家。我曾经把改变役政的想法跟殷浩说了一次，请他密禀会稽王。不知怎的，消息传出去了。不但中朝台省之间，连扬州属下各郡守都议论我取悦军奴，妄改朝制。”

郗璇睁大了明净的眸子：“这又与各郡守有何干系?”

“你有所不知，如今编户齐民负担奇重，不堪再充兵役。兵户逃亡数目之大，怕各郡守都不知道。他们逃到哪里去了呢？都成了豪门巨室的依附户口或者部曲私兵。要是依我的主张改革兵制，所有大族的奴客部曲都出来服役，他们那些田地谁来耕种？所以我一下子犯了众怒，休说治本，连标也治不动了。”

“那么，常此以久，怎么办呢?”

“护军将军已经成了鸡肋。我想，我任职还不久，不便调动。等个一年半载之后，想请求外调，再试试能不能在地方上做个循吏。如今，教孩儿习字，也算得宽解烦闷。等到有一天循吏也做不成时，我就辞官隐居，自己也寄情于书法，终此余年算了。”

从此，果然像他所说的，护军营的事，他不是不管，也只是求其维持经自己整顿后的现状而已，每天稍一巡视，就回到家中。那位司马升任了长史，羲之把营务几乎全交与了他。那时的风气，做官而不理公务，反而被看作高尚，反对王羲之的人倒又赞美起他来了。羲之总不理睬这些外间的毁誉，在家中，除了自己精研书法而外，另一件占用时间最多的事，就是亲自教最小的儿子献之习字。

郗璇对他偏爱小儿子有些不理解，有一次笑着说他有些偏心。羲之就拿了一大叠献之习字的窗课给她看，说："官奴有学习书法的天才，小小年纪，笔笔中规中矩，还特有笔力。"郗璇不以为然："咱家孩儿，个个书法都不错，为什么只称许官奴一人有天才？"

"夫人，你有所不知，我耽味书法快四十年了，才悟出了这个道理。书法为六艺之一，易学难精。有的人一生临池，字呢，写的不能说不好，可是缺了那么一种气韵，终生难称名家。汉代赵壹说得好：'凡人各殊气血，异筋骨。心有疏密，手有巧拙。书之好丑，在心与手。'官奴不但有习书的心灵，我还试过他的手力。"

"就是那一回他正写着字，你在他身后，猛一抽他的笔杆，他攥得紧紧的，没有抽出来，是吧？"

"不错，当年二叔和卫夫人都曾经教过我执笔之法，说是以不同的用力法写成的横、竖、点、撇、捺、钩、

折，比之为用笔出入斩斫，也叫‘笔阵’。当然，光凭得到了用笔之法未必准能成为有名书家，名师也有劣徒嘛。可是，正确的执笔、运笔方法，却是习字的基础。官奴执笔如此有力，在我亲自教导下，前途不可限量。”

不久发生的一件事，使得羲之心愿得遂，调离了护军将军的职位，那便是褚裒的北伐。

原来，永和五年（公元 349 年）夏天，后赵国君石虎病死，太子石世即位，太后刘氏干预政事。彭城王石遵起兵杀了石世和刘太后，自立为帝，国内四分五裂。东晋大臣中颇有些人以为这是出兵北伐的良机。平蜀立下战功的桓温眼明手快，立刻屯兵于安陆（今湖北安陆），分遣部下要向北方进兵。殊不知建康方面，司马昱和殷浩一向提防着他，不愿意他再立战功，但又不好下令阻止。他们商议了一个对策，便是抢先出兵，争个北伐的头筹。正巧，后赵的扬州刺史王浃不满意石遵篡位，投降了东晋，献出了淮上重镇寿春。殷浩与征北大将军褚裒商议，先派西中郎将陈逵兵发寿春，作个前站，再由褚裒上表请求北伐。这一回行动迅速，褚裒上表的同时就下令驻京口（今江苏镇江市）的将士整顿武器粮草，要一下子开拔到泗水渡口。东晋朝中也有一些持重的人，以为褚裒虽然是当今皇太后的父亲，凭这一点未必镇得住后赵人，主张先派一路偏师试探试探。谁知褚裒振振有词，说是已经派出了王廙的长子王颐之等向彭城进发，

又派了麋疑去抢占下邳，大军理应赶快出发接应。司马昱与殷浩不顾劝阻者之言，立即批准了北伐的章表，加褚裒为征讨大都督，督徐、兖、青、扬、豫五州诸军事，率领精兵三万立即去彭城（今江苏徐州市），再部署下一步进军方向。这时，王羲之的护军营已补足了七千五百人的员额，训练堪称有素。殷浩却像是忘了这一支近在身边的兵马一样，并不把它置于北伐军行列之中。

真是去得急，回来得也快。本来，北土的人民苦于石虎的苛政，褚裒刚一渡过淮河，每天就有上千的人前来投军。褚裒甚无将略，不懂得怎样运用这支力量。鲁郡（今山东兖州）有五百家起兵反赵，要求晋军支援，后赵派出南讨大都督李农率兵二万前往镇压，褚裒在彭城坐拥重兵，却只派出部将王龛、李迈领兵三千前去鲁郡支援。他们迎头遇上了李农的兵马，一战而败，吓得褚裒不战退兵到数百里以外的广陵，陈逵根本未见敌军，自己烧了屯聚在寿春的粮草，拆毁寿春城，领兵逃回了江南。

北伐不用护军营，王羲之并不介意，但听到褚裒仓皇逃回，不禁浩叹。这时他明白了褚裒出兵的内幕，对自己的好友殷浩就有了看法，以为只为了对付桓温，便草率地派了无才无勇的褚裒领兵出征，大败而回，也不闻有什么处分，实在是拿国家大事当作儿戏。朝廷的举措如此乖张，自己在建康任职，万一忍不住说出些令执

政大臣感到不中听的话来，往日交情付于流水，不如辞职，眼不见为净。

就在他去意已定时，另一件令人神伤的事发生了。恩师卫夫人去世。虽说夫人活了七十六岁，算得上高寿，羲之仍是伤感不已。待到参加了葬礼归来，便上表辞职。

殷浩接到辞职的表章，误会了王羲之的意思，以为自己丁艰复出之后，同时起用了羲之和荀羡二人。如今荀羡由自己推荐，升为监徐、兖二州，扬州之晋陵诸军事，徐州刺史，成为中兴以来最年轻的一方统帅⑨。王羲之已经四十八岁了，仍在护军将军任上，一定为此不满意。他听说过王羲之曾在去会稽时有喜爱东土之意，便想用此郡调剂他。但是，任会稽内史的王述虽然治绩不佳，但他是太原王氏的一员，无故不好调开他。忽然，天从人愿，王述母亲去世，王述辞职丁艰，就顺水推舟，下了诏书，任王羲之为右军将军、会稽内史。这时已是永和六年（公元350年）了。

① 王允之与王羲之同生于公元303年，今因允之为三房子弟，姑且定为堂兄。

② 晋初的豫州，州治十郡，地区相当于今之河南东部、江苏西北部，山东南部和安徽北部。东晋渡江后，成帝侨置郡于芜湖，辖当涂、淮南、庐江、安丰（均在今安徽省）。

③ 说王恬要出任豫章太守，见于《晋书·王允之传》。实际上，王恬丁艰前为后将军，镇石头城。服满后仍为原官，见《王恬传》。为豫章太守事，当为王允之所编造，以之为借口。

④ 王羲之共生有七子一女，这时，王献之尚未诞生，其余六子一女，只有王操之的生年可以考出。今姑且拟定其他六人生年于后：公元 324 年，王玄之生。326 年，王凝之生。328 年，女王孟姜生。330 年，王涣之生。333 年，王肃之生。336 年，王徽之生。339 年，王操之生。

⑤ 诸葛大令：琅琊阳都诸葛恢，曾两次任会稽内史。敬豫、阿螭，都指王恬。

⑥ 王献之的卒年有两种记载。一说卒于太元十三年（公元 388 年），年 45 岁。一说卒于太元十一年（386 年），年 43 岁。但出生于 344 年，两种说法都一致。

⑦ 王羲之的女儿，旧之学者无人知其名字。鲁一同《王右军年谱》也只考证出他嫁与刘畅。近蒙小友周郢告知，陕西昭陵，唐永淳元年立的《临川公主墓志》，引唐太宗语，羲之女名孟姜。今《王羲之集》中多处言“姜母女”，即是其人。

⑧《临护军教》，《晋书·王羲之传》未载，见于《太平御览》卷二四〇，“中护军”条。

⑨ 这时，荀羡才二十八岁。

千秋神笔写兰亭

一

永和七年（公元 351 年）春，王羲之率领全家渡过浙江。他的心情极为愉快。到了会稽山阴县，他没有到职，而是携妻将子，还加上孙子、孙女，挨次游历了鉴湖，会稽山、禹穴、秦望山和远处的西施故里。不仅让大家领略了气象万千的山阴道，还口讲指划，介绍与这些名胜有关的历史掌故。以致郗夫人以为，自己这位一向寡言少语的夫君，好像变了一个人似的。

当终于移交郡（国）务时，一向不大亲自理郡的王述出场了。在他，以为太原王氏和琅琊王氏同出一祖，又知道羲之和执政的殷浩私交甚深，才降尊亲临，否则按照他的作风，交代郡务只须掾属代办就行。他态度殷勤，语言和气，给羲之的第一印象很好。

只是，谈到公务上，羲之就有些气愤。原来这位鼎鼎大名的太原王氏族中江左第一贵公子堪称一无所知。甚至郡、县户口的大体数目都瞠目莫知所对，一切都由主簿代答。羲之猜着实际掌理郡务的大约是这位主簿，便暗暗警告自己，以后谨防这类蠹吏盗权殃民，欺骗自己。交代完毕以后，王述表示，自己就在郡城守丧，要求羲之不时“过舍下一晤”。羲之含含糊糊地应着，同时暗中给他下了两句评语：“无才无德，浪得高名。”

虽然经历了护军任上的挫折，羲之以为自己在郡守①任上却着实可以做些与民分忧的事情，这乃是岳父郗鉴的教导。因此，上任伊始，他就把全部精力放在理郡上了。他和那个主簿谈了几次，倒发现那人大是有用的人才。自从诸葛恢第二次任会稽内史把他带来，他便一直担任此职。因之，不但全郡的户口、赋役、出产、山川、风习、气候、人文、巨室、乡宦、九品的隆替都罗列于他胸中，谈起来如数家珍。更难得的是，他深知郡民的疾苦和郡政的利弊。这些，一上来他不愿意说出来。后来，看到这位新使君不耻下问，诚恳地向他请教，才先是试试探探，后来索性一股脑儿和盘托出。羲之从交谈中也看出了此人有个缺点，忒胆小，明哲保身第一，一切看使君的态度行事。明知是该办的事，使君不发话，他绝不主动去办。羲之想，他一直保住主簿的位子，几次更换内史，总换不了他，诀窍大约就在于此。当然，

羲之并不计较。他已经决定排除阻力，学习那些在青史《循吏传》上留下个名字的人了。所以，部属掾吏只要秉承他的意志办事，他就很满意。

有这个主簿的帮助，羲之顺利地处理起会稽内史职责范围内的政务来。他发现，为之花费时间最多的，并非传统的听讼、劝农、兴教化、捕盗贼等等事务，而是应付上自尚书省、下至扬州刺史府发下的数不清的公文令符。这些公文，主要集中在三件事上：一、催交田赋军米，其中军米是主要的。因为它没有固定的数额，而且需索的期限很急迫，要多少就得给多少，必须在所限的日期内送到。当时这件公事被称作“漕运”。二、征兵戍边及充实各军，由于兵员在路上、营中大量逃亡或死亡，就像个永远填不满的坑，不断吞下全郡各县的壮丁。三、调发郡民赴本郡及本州服各种杂役，这些杂役名目繁多，无穷无尽。本来，羲之可以照州刺史的办法，分别命令各县去办就行。怎奈这一次羲之下了决心，要解除病民的苛政。前两番为郡守和州刺史，早已明白一切杂务委之县令，县里的胥吏就会舞弊，田赋军米多收，调役征兵多向各户要人，不管有的人是不是应设服役为军。那老主簿已经说过：会稽是个富庶的郡，如今“民力将竭矣”。他不愿做一个执行苛政、竭泽而渔的使君。他也觉得这一次既出山，就要贯彻初衷，作一个像家乡临沂俗语中说的“有脊梁骨”的人，一个也许个人最终

失败但是绝对不会被青史埋没的人。他决定大声疾呼为民请命。有了过去的经验，他不想像在江州那样只在州里郡里修修补补，做无补大局的蠢事。他打算，从国家臻于富强、国运得以延续的高度着眼，默察大势，然后上书执政，就几件最需要解决的大事提出建议，并且不惜以危苦之辞耸动他们。

观察了一个时期，永和八年（公元 352 年）发生了一件大事，那就是殷浩出兵北伐，大败而归。原来后赵自石虎死后，一直大乱不已。最后，汉族人冉闵灭了后赵，改国号为魏。他对东晋，不懂得联合恃以为援，在北方又孤立不得民心。已经散布在黄河南北的鲜卑、氐、羌各族酋长纷纷自立名号，大搞割据。在东晋君臣看来，北方没有一个堪称强敌的力量，北伐的声浪才又一次高涨起来。

桓温是一个闻风而动的人。他知道会稽王和殷浩时刻提防他。上一次他做出北伐的姿态来而按兵不动，诱使褚裒抢先出兵，导致大败。这一次他故技重演，又要求北伐，率领五万精兵从荆州东下，到了武昌。北伐本应从荆州北上，他到武昌做什么呢？吓得殷浩要辞职以避之。幸而会稽王出面劝得他退回了江陵，殷浩可就不得不又抢先北伐了。

正月，北国正是大地尚未春回，天寒地冻的时候，殷浩不顾天时，上表请求北伐。很快诏书下来，以殷浩

为中军将军，都督扬、豫、徐、兖、青五州军事（和褚裒一样），率军北上。他任用了当时颇有虚名的谢尚为中军。谢尚骄而无能，在途中逼反了降将张遇。张遇占住许昌，谢尚进攻，大败。刚出师就不利，殷浩大军驻扎在寿春，整顿兵马，想夺回许昌，又被另一降将姚襄所败。但他仍在寿春一带徘徊，不进不退。

羲之基于和殷浩的交情，托人送去一封书信。信的开始，泛论多年来执政大臣不听“忠言嘉谋”使天下“将有土崩之势”。当然，是劝殷浩听取一下旁人的意见了。因而下面直率地提出：“今军破于外，资竭于内，保淮之志非复所及，莫过还保长江……任国钧者（指殷浩）引咎责躬，深自贬降以谢百姓。更与朝贤思布平政（和朝里有见识的人商议改革政治）。除其烦苛，省其赋役，与百姓更始，庶可以允塞群望，救倒悬之急。”信的最后，反对为了继续进行战争，又向各郡征收军粮的事，不客气地说了几句逆耳的忠言：自从前几年加深对黎民的剥削，到处都是无罪而受刑罚的人，简直和秦始皇当年一样，只是还没有族诛的重刑罢了。怕的是快要有陈胜吴广那样要造反的人出现了。

从这封信中，可以看出，王羲之对当时的局势的分析，头脑是清醒的，建议也是实事求是的。可是，古今有一些史学家，不明瞭形势，从而误解了羲之的本义，做出了不公正的批评。他们特别提出“保江”“保淮”问

题，说王羲之反对北伐，胆小，想凭借长江和北方少数民族建立的割据国家对峙。其实羲之所说的“保淮之志非复所及”，只是劝殷浩的大军不要在淮上（寿春）观望了，再夺回许昌是不可能的，不如各军退回原来的驻扎地（都在西起芜湖，东到广陵一带）。否则，敌军远在许昌一带，保淮之志怎么非复所及呢？须知殷浩大军久住寿春，从扬州一带长途运输粮草供应，负担实在太重。羲之劝他中止北伐，退回原防，是实事求是的建议[②]。看后来永和九年，殷浩大败于山桑，被废为庶人，可见羲之对局势的估计，比殷浩正确多了。

却说羲之给殷浩写了信，又给会稽王司马昱写了一封书信。开头便说殷浩北伐准备不足，两次败于许昌，士卒万不余一。千里运粮，“西输许洛，北入黄河，虽秦政之弊，未至于此。”接着说明自己劝阻殷浩再一次大举进兵，实在是一片忠诚。为了怕司马昱误解，羲之写道：“地浅而言深，岂不知其未易……况厕大臣末行，岂可默而不言哉……愿殿下暂废虚远之怀，以救倒悬之急，可谓以亡为存，转祸为福，则宗庙之庆，四海有赖矣。”“解倒悬之急”，对继续北伐带给人民的危害，可以说写得到家了。无奈会稽王不是那种关心黎民生死的人，所以书信如石沉大海，投入后再无音信。

劝阻殷浩没有成功。羲之在以上两封信中已经涉及军粮军运的问题了，他既然早有心将这些弊政向执政大

员详细剖陈，以求收到改变——哪怕改变一点——之效，于是他又将此事详细用书信告知刚由前线调回任尚书仆射的另一好友谢尚。这一次，口气婉转多了。他不再谈北伐，只谈病民最厉害的漕运，耗盗官米以及役政的危害。他多方面举例，又提出了纠正的办法。会稽王不愿做的事，谢尚又有什么办法？羲之为改变当时弊政，考虑了很久，接连三次上书给三个和他关系密切，又是重权在握的人，可惜都失败了。

羲之这三封书信，从认识深度来看，当然远远赶不上贾谊的治安策和王安石一整套的变法措施，严格地说，也不是治本的办法。那时只有改变尚清谈的风气和士族当政、九品取士法及占田、荫客等制度才能稍微谈得上治本。但是，在那个君昏臣庸、文恬武嬉的特殊时代，他居然把当时的政治比作秦政，不能不说他是一个清醒的政治家。可惜“书圣”的大名掩盖了他政治方面的贡献。他说的“胜、广之忧”也不是危言耸听。他去世以后、孙恩在浙东为反抗暴政的起义，彻底动摇了东晋王朝的基础。《晋书·王羲之传》全载了这三封书信，是极为有眼光的。他是那时少有的清醒的政治家。

二

会稽多名士，正因为王羲之一到任就整顿郡中的弊政，“善理郡”的名声不久就传扬开来。也许还由于会稽

山川灵秀，启人游兴，名士爱此佳山水，总之，不久，郡城里，羲之身边竟然聚集了不少名士，其中最知名的有谢尚的弟弟谢安、谢万，有学优才长、足堪佐郡的右司马孙绰及其子孙嗣，有羲之的内弟郗昙，有庾氏的庾友、庾蕴，有桓温的儿子桓伟，还有有名的僧人支道林。名士聚在一起，少不得有丝竹文酒之会，就像当年石崇的金谷园之会一样。于是由谢安、孙绰、郗昙和羲之的二郎君凝之提议，要在永和九年的三月三日举行一次大规模的修禊活动。修禊，本是古代一种除灾祛邪、祓除不祥的祭祀仪式，传到这时，渐渐变成以临流游览、踏青拾翠、饮酒赋诗为主了。

被郗昙、凝之他们选作修禊处所的，地名兰亭，本名兰渚，亭乃古制十里一亭的亭。兰渚靠近鉴湖，在兰溪入口之处，有山，有长流之水，正是最适合修禊的地方。到了这一天，恰巧是个天朗气清的日子，空中水中，一片空明。羲之一行四十余人[③]乘坐船只来到此地。侍从仆役沿着一条不太宽阔却曲曲折折的流水两旁早已安排好座次。便从上游停一会儿放下一只盛满美酒的“羽觞”，使之沿流浮下。流窄，两岸多石，羽觞流着流着便被石所阻。事先宣布的办法是羽觞停在谁身旁，谁就饮酒赋诗。作过一首，又有羽觞停在他身旁，就得再作一首。该作而作不出来的，罚酒三斗。

躬逢这次盛会的，除了上面提到的诸名士以外，还

有郡（国）、府的掾吏、行参军和在任、卸任而偶留在郡中的县令。羲之的七位郎君中六人在座，包括年方十岁的献之，但操之不知因为什么缺席了。有一位并非琅琊王氏子弟的王彬之，本为殷浩的部将，他参加了这次盛会以后，便去中原战场，在不久以后的与姚襄交战中，战殁于山桑。然而因为留下了两首《兰亭》诗，也附骥尾而名垂后世。还有一位名僧支遁，人称支道林的也在座。他学识渊博，能以佛教道理讲《庄子·逍遥游》。高僧一尘不染，四大皆空，当然没有什么不祥之气需要祓除。他也没有作诗，也许他本意是到热闹之境随喜一番，借以反衬出世的高致吧。

羽觞临流缓缓而下，第一个赋诗的是孙统，他作了一首四言诗："茫茫大造，万化齐轨，罔悟玄同，竞异称旨。平勃运谋，黄绮隐几，凡我仰希，期山期水。"诗由作者写好，仆役拿了使大家传看一遍。老实说，除了真正不会作诗的人以外，大家都在打腹稿，拼凑自己的诗，哪里顾得欣赏玩味旁人的作品？所以尽管诗中扯到张良、陈平善用奇计这种与兰亭修禊八竿子打不到一块儿的典故，仍然几乎一致称赞为好诗。只有王羲之见此诗一开头就提出造化运行、使万物各有不同际遇的见解来，不由得心中一动，他知道这种见解是反对《庄子·齐物论》的。当时诸名士盛行谈玄，《老子》、《庄子》、《易经》就成了最行时的书。这位孙承公，竟然敢反对庄周，倒使

他大为诧异，因为恰巧王羲之也是不喜欢庄周那“一死生”、“齐彭殇”思想的。

仆役们又放第二只羽觞了，也算巧，它偏偏流到王献之身边停住了。这位使君最小的郎君，虽然自幼以其聪慧闻名于衙署，无奈年方十岁，大家便原谅了他，免去作诗，也免去了罚酒。设想，如果当时任其胡诌也要他作一首的话，他传留下来的诗作就不止那两首《桃叶歌》了。

下一个作诗的是魏滂，他作了一首五言诗，诗还不如孙统那一首，但是其中有赞美使君的句子“明后（贤明的主人）欣时丰，驾言映清澜”。他是郡功曹，可谓善颂善祷了。恰巧他在羲之邻座，这位“明后”便对他笑了一笑。魏功曹心满意足，以为使君欣赏自己的大作。

羽觞又放了两只，才遇到一个赋诗的，此人是大名鼎鼎的琅琊王友谢安。他也作了一首四言：“伊昔先子，有怀春游。契兹言执，寄傲林丘。森森连岭，茫茫原畴。迥霄垂模，凝泉散流。”这位谢安只挂了个琅琊王友的空名，并未应征出仕，而是长期隐居在郡旁的东山，据说天下苍生引领而望他出山。羲之经常邀他游赏郡中山水，对他的诗才有所了解，见他只咏景物，无意“言志”，料想他一定有意再赋一首。受了启发，自思身为主人，第一首诗不宜自逞才华，还是即兴敷衍成篇为好。真有什么要说的话，不妨下一次接到羽觞再说。于是，隔了几

个人，轮到他作诗时，也敷衍了一首四言诗：“代谢鳞次，忽焉以周。欣此暮春，和气载柔。咏彼舞雩，异世同流。乃携齐契，散怀一丘。”虽然仅仅叙述春天到了，出来散怀这些说不说都可以的话，但是“咏彼”二句，用了《论语》中曾皙“浴乎沂，风乎舞雩”（论语·先进篇第十一）的典故，隐隐约约地表现出他思想中的儒家成分。

羽觞又行了几遍，羲之的三儿子涣之作了一首短诗：“去来悠悠子，披褐良足钦。超迹修独往，元契齐古今。”一些幕僚，照例称赞一番。羲之看到“齐古今”三字，心中就不喜，觉得谈玄的时尚侵入了自己家庭中了。倘若古代的治世（譬如汉代文景之治）和如今“殆同秦政”的乱世没有区别，还要那些尧舜之治、明君贤相做什么？自己和王述那样的使君“齐一”，还改革郡政做什么？他于是觉得自己这一些想法，如同骨鲠在喉，不吐不快。

带着这样一种情绪，他又注意下面几个人诗中的这么几句：

谢安：“万殊混一象，安复觉彭殇？”

儿子徽之：“未若保坤真，齐契箕山阿。”

袁峤之：“苟齐一致，遐想揭竿（钓鱼）。”

庾友：“理感则一，冥然元会。”

他正在想这些诗的含意，羽觞再一次停在他面前了。一仰脖喝干了酒，他提起笔毫不停顿地写下了如下一首

诗："合散固有常，修短定无始。造化不暂停，一往不再起。于今为神奇，信宿同尘滓。谁能无此慨，散之在推理。言立同不朽，河清非所俟。"众人传观这首诗时，又一次大加赞赏，王羲之从一片赞语中分明听出，自己诗中两点主要意旨，一是对"修短"、"聚散这些被庄周齐一了的对立概念应该重新研究（散之在推理）；二是人应该积极地"立言"（还要包括同为三不朽中的立德和立功），就比坐等黄河清要有意义得多了。这些反对庄周不分好坏，不谴是非的主张，似乎并没有人懂得。

饮宴赋诗，在欢快气氛中进行。大约一个半时辰，会作诗的二十六人都作了诗，有的还不只一首，不会作诗的十五人，除了王献之外都罚了酒。虽说暮春天气，不冷不热，但是这些名士，不仅累了，而且饿了。自然，每个人的不祥总算都被除了，就该按预定的步骤"开盛宴"、美美地吃上一顿了。但是，郗昙提出了一个建议：请王使君为盛会所作的诗写个序，就像当年的《金谷诗序》一样。与会者一致欣然同意，因为他们主要目的是想欣赏一下使君的翰墨妙迹。使君不仅善书，而且当年征西将军庾亮似乎评之为过江以来第一人。

羲之虽然未被罚酒，毕竟是一郡之主，部下知道他好饮几杯，在他身旁准备下了香醇。他时不时地饮上一杯，已经有点薄醉了。他似乎事先估计到了众人必会推他写诗序，胸中已经有了纲目。小儿子亲手磨墨，郗昙

送上准备好了的蚕茧纸，鼠须笔。墨磨得浓淡恰好之时，他挥毫而书，几乎不加思索地要写下第一句中记时间永和的永字。但是，刚点下一点，忽然想起，平常自己的书札，多是随手挥洒，总用改进了的张芝所创的今草。这个序，该庄重些，可又不宜用写经体的小真书（小楷），那太板了。灵机一动，便用了东汉刘德升所创，自己糅合今草加以变化了的行书来写。酒助灵气，一口气写下了十一行多：

永和九年，岁在癸丑，暮春之初，会于山阴之兰亭，修禊事也。群贤毕至，少长咸集。此地有崇山峻岭，茂林修竹。又有清流激湍，映带左右，引以为流觞曲水，列坐其次。虽无丝竹管弦之盛，一觞一咏，亦足以畅叙幽情。是日也，天朗气清，惠风和畅。仰观宇宙之大，俯察品类之盛，所以游目骋怀，极视听之娱，信可乐也。

作为小序，写到这里，本来可以收束了，但是想起了刚才想到的，对立观念不能用“齐一”来解决，有乐必然有哀，还有生与死，寿与夭，也该这样看法，对人生理解得才能全面。禁不住便又写了下面一段。

夫人之相与，俯仰一世，或取诸怀抱，悟言一室之内；或因寄所托，放浪形骸之外。虽取舍万端，静躁不同。当其欣于所遇，暂得于己，快然自足，不知老之将至。及其所之既倦，情随事迁，感慨系之矣。向之所欣，俯仰之间已为陈迹，犹不能不以之兴怀。况修短随化，

终期于尽（寿与夭到头来终归一死）。古人云，死生亦大矣，岂不痛哉！

忽然，他觉得，“修短有数，终期于尽”容易被人误会为庄周之“一死生”。虽然自己加了一句“死生亦大矣(是大事，不能轻率的对待)”，怕大多数人理解不来，索性明白说出吧。就又加了一小段：

每览昔人兴衰之由，若合一契，未尝不临文嗟悼，固知“一死生”为虚诞，“齐彭觞”为妄作。后之视今，亦犹今之视昔，悲夫。

最后，沿例写了为什么要录诸人所作的诗，然后以“后之览者，亦将有感于斯文”作结。

当他掷笔而起时，一片赞叹之声哄然而起。羲之仔细听了听，众人所称赞的，全是他翰墨之妙，字体之美。他正视了一下正在被围观的这幅字，觉得众人赞颂确然有理，全纸文采焕然，整体有一片神韵贯流其间。只是，没有一个人评论他文章的，谁也不和他一同“临文嗟悼”。怕是有感于斯文的，只能求之于后之览者了。像孙绰、谢安莫非也不了解自己的思想吗？他不觉又有一点缺少知己的失落感。

三

不久，使君醉笔写兰亭的名声传开了。真所谓“桃李不言，下自成蹊”。相识的、不相识的，来内史衙署看

使君墨妙的络绎不绝。终于，有一天王羲之把全部兰亭诗又仔细看了一遍，主要的看题诗人的书法，他发现，除了郗昙之外，以王蕴的字写得最好，只是欠缺那么一种飞动的韵致。最后再仔细看自己的字。他稍稍地吃了一惊，他发现这幅字与自己平日所写的有些不同。怎么不同呢？他一下子说不出来，但仿佛感到自己近来习书时努力寻求而不得的一种境界似乎出现了。正如他写罢一瞥时所见的那样，满纸一片神采，而飞动、奔放中又不失规矩。他忽然来了兴致，找来那支鼠须笔和同样一幅茧纸，放开手又写了一幅。然后将两幅字平放在几案上比较，觉得后写的一幅明显地不如前一幅，于是他又写了一幅、又写了一幅……结果是总不如在兰亭所写的那一幅。为此，他很思索了一阵。他未找到答案。也许是由于他在这几年，一种寻求冲决思想网罗的精神支配了他，使他精神升华，不自知地开始闯入了艺术的新境界。他的书法，又开始进入一个新的高度了。不过，以后他一定会想明白这个道理。

使他料不到的，宦途风云诡谲，一个无才无德但又患得患失的人，为了微不足道的小事，竟然死死地与他纠缠起来。

太原王述是东晋那个以善清谈或不善清谈只以怪异行为便被人目为“名士”的人当中的一个。他在未出仕以前“以孝闻，安贫守约”。孝与廉，是两汉以来志在做

官、培养声誉的主要标准，也是做官的敲门砖。王述做了官之后呢，非但乏善足陈，而且有些事做得不光彩，有些事做得极其怪异（怪异是自我宣传的妙法之一）。譬如他是以痴出名的（当然还未达到晋惠帝那样白痴的水平），王导却征辟他为掾属。一次，王导问他江东米价，他“张目（瞪大了两只眼睛）不答”，王导说：“王掾不痴，人何言痴也？”在王导看来，大约他答出米价来倒确实反证他为痴了。不久，他当上了宛陵令，很接受了些赠遗（今之所谓受贿），大修家具（并非指今之室内家具，而是包括房地产在内的家用所需）。王导也看不过，婉言劝他，他说：“足，自当止。”而当时县民却“有劳苦之声”。后来州里检查，这种变相受贿，有一千三百余条。在一个县里，所取民财（当然“赠遗者”不会用自己的财产行贿，否则他们送他们的礼，老百姓为何有劳苦之声呢）如此之多，证明他未出仕之前的“安贫守约”是多么的虚伪。他最有名的特点是有时性情失常。一次吃鸡蛋，用筷子去夹，没有夹着，大怒，用手抓过来扔在地下。那鸡蛋滚动不止，又惹恼了他，站起来用脚上的木屐去踩，又没有踩着，就再把鸡蛋拾起来，放进嘴里嚼碎，算是取得了胜利。有人称是性情急躁，对一个鸡蛋如此急躁，实在不像个神经正常的人。

而王羲之竟然在毫不知情时，得罪了他。

这位王述，对于官位与权势，其患得患失的程度，

绝不因居丧而稍减。他因为王羲之与会稽王、殷浩关系密切，在丁艰的期间，非常希望王羲之常去拜望他，借以提高他的威望。每当听到表示内史离署外出的号角声时，就以为王使君要来拜望他了，大门外打扫得干干净净，准备迎宾。王羲之其实没有拜访他的打算。一次又一次失望之后，他开始怀恨王羲之。他也懂得王羲之不同于那个鸡蛋，只将愤恨藏在心里。

痴使君生了个极有才情的儿子王坦之。他先任会稽王司马昱的参军，当然熟悉政治行情。永和九年殷浩山桑大败，回朝后威望大损。王坦之又探听到喜欢听谄媚之言的会稽王，对于王羲之给他写的那封书信甚为不满，曾对人说："朝廷决策北伐，自然要输送军粮，王逸少说什么秦政之弊，未至于此，这不是危言耸听吗?"有了这些信息，王坦之与王述秘密策划，一步一步进行着对王羲之的报复。

永和十年（公元354年）正月，桓温上疏数殷浩之罪："连年北伐，师徒屡败，粮械都尽。"要求废殷浩为庶人。会稽王不得已，同意了。正巧，王述丁艰期满，王坦之一个劲地在会稽王面前吹风（他已经任会稽王司马了），终于，王述接替了殷浩的职位——扬州刺史，王羲之的顶头上司。

还未上任，他就给了王羲之一个下马威。他在会稽郡城大拜其客，兼以夸官，等闲的小官家都去过了，就

是未去王羲之家。有人把这件事告诉了羲之，他淡然一笑，未放在心上，只是觉得此人俗不可耐而已。

王述到了扬州大约半年之后，羲之突然发现郡务中出现了最棘手的事。原来，废殷浩为庶人之后，桓温亲自提兵北伐了。他曾一度前进到长安附近灞上与新建立不久的前秦国兵马相持，接着缓缓退兵。千里进军，粮草主要由荆、江、扬三大州供应，而扬州十一个郡中，会稽分摊的数量最多。永和九年遭了旱灾，今年略有收成，征调军粮的州符雪片般陆续下达。期限很急迫。羲之打听了一下，相邻各郡也有征调，但数量少得多，期限也没有这般严迫。羲之恍然大悟，是王述有意找自己的麻烦了。便派人向会稽王司马昱处陈情疏通，说明会稽连年灾荒，负担不了这么多军粮。

幕后策划借此整王羲之的是王坦之，他深通刑名之学。原来前两年遇到灾荒时，王羲之请求开仓赈济，殷浩都曾口头答应。王坦之教给乃父依照律令，不承认殷浩的口头允诺。王述本来无论治郡治州，从来不理政务，《晋书》本传加以八字评语曰："莅政清肃，终日无事。"这一次可大改常态，接连不断派人到会稽查王羲之开仓赈济的账目。王述又四处放风：王逸少所报的会稽遭灾，并没有严重到非开仓赈济不可的程度，他多次开仓，意在收买人心，变相诽谤朝廷云云。

王彬的儿子王彪之，是羲之的堂弟，正在朝中任吏

部尚书，颇受会稽王信任。他把内幕告诉羲之，王坦之的用意是把羲之挤走，为王述争个面子。彪之又说，朝中人，昏庸大老，有的虽然相信了王坦之所造的谣言，并不当成大事，只说“王逸少只以工书法获虚誉，其才不堪理郡”而已。但也有不但不相信反而要替羲之出一口气的人。王述的女婿谢万曾去找王述，直接骂到脸上：“人家都说你痴，我看你确实是痴。”身边王坦之不在，王述连反驳的口才都没有，只好承认：“我从前确实是痴，如今可好得多了。”

羲之在知道了底细之后，心想，王坦之只是志在挤走自己，会稽风土虽美，自己原不贪恋内史的位子。彪之曾劝过自己，如果愿意去建康，侍中尚书之职，唾手可得。但是自己在与王述的争执中明明受了委屈，会稽王却不明辨是非，听凭王坦之兴风作浪，便打消了去建康之意。王述如果真纠缠不休，大不了一走了之，又谅他未必敢公然撤换自己，便打算静以观变，看王述还有什么伎俩。

不久，朝中又传播着一股新流言，说有人为了调解王述和王羲之的纠纷，劝羲之请调台省为官，他却不愿意。为什么呢，原来他听了某个术士的话，选了一块风水好的地方改葬父母，有非分之想云云。什么样的非分之想呢？那可是谁也说不清楚。过了几天，这谣言风流云散，又一股谣言传开了：王羲之的父亲王旷的灵柩是

派人从北土迎来的。其父王旷，昔年上党一战，兵败后下落不明，可能有降贼之嫌……一次，会稽王和几个高级幕僚闲谈时偶然谈及此事，也只是说最近听到过这么一种传言而已，没有说自己相信还是不相信，说过也就算了。

这时已经到了永和十年（公元 354 年）的年尾。新年将至，郡务清闲了些。王述似乎已经技穷，没有什么新的干扰。王羲之却在为自己的出处烦恼。自己所为，仰不愧于天，俯不怍于人，王坦之与王述用律令也好，用谣言也好，是攻不倒自己的。但没有想到王坦之如此卑鄙，谣言造到了亡故多年的父亲头上。他是个真正的孝子，不能容许父亲的名誉受到影响。为了抗议，他决定不仅主动辞去会稽内史，而且此生永远不再在朝为官，即使朝廷用高官厚禄、特诏征聘，此志也决不动摇。

永和十一年（公元 355 年）三月，羲之带领了所有的儿孙来到父母墓前，摆上醴牲，祭奠了一番之后，他展开了一幅素绢，宣读了下面一段文字：

维永和十一年三月癸卯朔，九日辛亥，小子羲之敢告二亲之灵。羲之不才，夙遭闵凶，不蒙过庭之训（少年时没有受到父亲的教育）。母兄鞠育，得渐庶几。遂因人乏，蒙国宠荣。进无忠孝之事，退违推贤之义。每咏老氏、周任之诫[④]，常恐死亡无日，忧及宗祀，岂在微身而已。是用寤寐永叹，若坠深谷。止足之分，定之于今。

谨以今日吉辰肆筵设席，稽颡归诚，告誓先灵：自今之后，敢渝此心，贪冒苟进，是有无尊之心而不子也。子而不子，天地之所不覆载，名教所不得容。信誓之诚，有如皦日。

他的这一行动，惊动了郡城的大部分人。纸里包不住火，特别在山阴，传说着这位贤使君为了荒年开仓赈灾，被前任那个痴使君诬告，一怒而誓墓辞官。耆老士庶，纷纷去劝慰挽留王羲之。有些人通过本郡在建康为官的，直接向会稽王陈情。这位昏聩的执政听了此事，感到诧异。他向朝臣们表示，王述父子虽然在自己耳旁说了些王羲之不宜治郡的话，自己并不相信，所以朝廷从来没有下诏免王内史的官。他又让王彪之派人问一下，逸少愿任何官，朝廷立即除授。王彪之把《誓墓文》拿给会稽王看，然后说，逸少之父王旷，是先元皇帝的姨兄，是他献策请元皇帝渡江，才开本朝中兴之局。他奉命提兵北援上党，兵败后下落不明。当年王敦曾造谣说他投降胡人，元皇帝痛于驳斥。今天这股谣言不知怎的又冒了出来，逸少不能坐视先人清名受损，才誓墓辞官。就是征他为尚书令、司徒，他也不会应征。

司马昱才想起自己也曾重复过那句谣言。他是元帝最小的儿子，本不知道王旷当年的事，但听彪之一说，便觉得在这件事上对不起王羲之了。但又不好认错，便说："这个王怀祖，太没有度量了，亏他还是王导丞相举

荐为官的！你再替我劝一劝令兄，出来为朝廷办事，不算违背誓言。”彪之说：“本朝以孝治天下，殿下的话，下官一定传到，但只怕无济于事。”

“这个王怀祖”正高兴得忘乎所以呢。他逢人便说：“我说王羲之无治郡之才，如何？他果然被郡民所厌恶，自行辞职了。”

王坦之急匆匆闯了进来，气喘吁吁地说：“孩儿与阿爷排挤王逸少的事，大王知道了。”

“知道了又将如何？”

“不好了！大王说，这个，这个……太没有度量了。”

“是说我吗？”

“不错，还说：亏他还是王导丞相举荐的。阿爷，朝官都同情王逸少，会稽与建康民间都说孩儿造谣辱及王逸少先人，和当年的王敦如出一辙。阿爷千万不能再宣扬这件事了！”

以后，王述逢人就说，自己对王逸少使君的辞职甚为惋惜。无论对谁说话，这甚为惋惜总是连着说三遍，以示虔诚。

四

羲之交卸郡篆之后，全家迁入嵊兖山下的别业中。没有政务缠身，也少人事往来，开头一段，他享受了清闲生活。儿女大了，除了操之、献之以外，婚嫁都已办

完，心境比在建康那一段“向子平式”生活要恬适，悠然。他打算和当时有名而隐居学仙的许迈到山中采药石、服食修炼，遍游东中各郡，登名山，泛沧海……但是，随心所欲地生活了一阵之后，他又有了某种失落感。他觉得，服药修仙，毫无效果，大是虚幻。游山玩水，只能求得一时心境的解脱。登山临水之后呢，觉得心里空空荡荡的，甚至于不如任郡守时，眼前悬着一个做《循吏传》中人物这个标的，虽然有时很累，还碰了不少钉子，那时的精神倒是充实的。

他不愿意学另一个好友谢安的做法。谢安隐居于郡城之外的东山，这时正大受“清议”的攻击。只因为朝廷屡次征召，他不出山，就有人上疏论他：“被召，历年不至，请禁锢终身。”又因为他有时携妓到处游览，更引起了某些人的愤慨。他不理会这些议论，却怕羲之误解他，曾有一次当面作解释：“自从进入中年，特重感情，有时和至亲好友分别几天，心里就闷闷不乐……”羲之理解这种心情，就接着说：“上了年纪的人都是这样，所以，不免由妓人和丝竹冲淡一下，也算得陶冶性情。”羲之对谢安说的是真心话。但是，他和谢安性格不一样，妓人丝竹不能充实他的生活。

这种失落感，他只是心灵上有所感受，却不知它因何而来。本来像他这样幼年丧父，经历过世态炎凉的人，往往倘不堕落下去，就必然激发出一种对生命中美好事

物执着追求的情操。羲之是个骨鲠之人，不愿意一生无所作为，又受到岳父郗鉴的影响，所以中年立志，要做个循吏，做个为哀哀无告的小民请命的人。晚年，这个理想幻灭了，他不知道自己正在寻找一个摒弃平庸生活情趣能使自己全副身心都值得投入的东西，一时寻不着，因此引起惶惑，也引起了探索。探索而未得，就有了失落感。

在这期间，儿子凝之、肃之、徽之等几个人商议整顿家业的事。羲之觉得儿孙渐多，一时未必都能出仕，与郗璇商议，预先要为他们筹划一下生计，便暂时收起其他心思，巡视整理一下在郗愔帮助下购置的产业。当下，带了凝之、肃之、徽之、操之四人，往东方几个县走了一遭，并且将肃之、徽之、操之留在了上虞、余姚和剡县，让他们试着管理一个田庄。凝之，就让他管理山阴的产业。七个儿子中，玄之、涣之已经早逝，还剩下一个献之，年纪尚小，怎么安排呢？忽然，一件事启发了他，使他做出一个也许在中国书法史上值得特书一笔的决定：他要亲自教献之深造书法。

原来有一次羲之喝醉了酒，在一堵粉墙上题了几行字。他去休息了，小献之叫人把墙重新粉刷了一下，干燥后，模仿羲之的笔迹把题壁文字重写了一遍。过了几天，羲之走过这里重看这几行题字，大为惊诧：“那天我真的喝醉了，字写得大不如往日。”他没看出是十几岁的

小儿子模仿的。等到郗璇把这件事当笑话告诉了他之后，他沉思良久，对郗璇说：“官奴有习书的天赋，不能白白糟蹋了，我要把临池的心得全部传授给他。”

正在他做出这个决定之时，劝他再次出山的风又刮起来了。原来羲之的内弟郗昙被会稽王擢升为御史中丞，王述在扬州不理州务，用苛政加于会稽一郡的事被郗昙注意到了。虽然还未露章弹劾，免不了在御史台议论议论。王坦之听到了消息，他不敢再玩弄手法对付郗昙。一则御史中丞职在弹劾百官失职，郗昙手中又掌握了证据，再则论势力，这一次王坦之落在了下风，郗昙的侄子郗超，是权势最大的桓温最亲信的人，王彪之又是会稽王的亲信，他一个也不敢得罪，只好把这个消息告知王述。

王述从来不与人讲谁是谁非，却懂得讲个利害。他于是托女婿谢万向羲之致意，自己愿意推荐他为吴郡太守或再任会稽内史。羲之暗想，王述、王坦之只懂得人人都追求权势，怎么谢万也以为自己是这种人呢？为了使老朋友了解自己，他写给谢万一封书信：

顷东游还，修植桑果，令盛敷荣。率诸子，抱弱孙，游观其间，有一味之甘，割而分之，以娱目前。虽植德无殊邈（我的品德修养不算怎么高），犹欲教养子孙以敦厚退让……比当与安石（谢安）东游山海，并行田，规地利，颐养闲暇。衣食之余，欲与亲知时共欢宴。虽不

能兴言高咏，衔杯引满，语田里所行，故以为抚掌之资，其为得意，可胜言耶！

为了说明自己不愿意再出去做官，王羲之只能大写教子之趣，田园之乐。至于自己所要追求的令自己精神充实的那种东西，对谢万说，无异对牛弹琴。何况自己也还没有找到那一种东西，就一字不提。他自己也许不知道，当他在探索一直还摸不着、达不到但初步感知了的精神境界时，实际上已经处在一次精神升华、思想飞跃的前夕，一旦有个触媒引导一下，就会达到那种境界了。

这触媒乃是教小献之的书法，这却是连羲之自己也想象不到的。

再一次去东土巡视回来，住在蕺山的别业中，他和献之把习书当成了主课。献之又依了郗璇的意旨，兼习经史。对于盛行一时的“三玄”之学，羲之夫妇不让他学。

羲之的书法，自从到了会稽之后，也许得到山川灵气的陶铸，也许由于又接触了些志趣相同的名家，彼此攻错，自己渐渐感到似乎有时下笔便有一种所谓灵感帮助运笔布局，写出的字幅中一种气韵贯串其中了。他虽然仍在广求名帖佳碑，例如他多次去观摩李斯的会稽刻石，但是，他已经不再从事只求形似的临摹，而是观看前代名家所写的字那体势、结构、精神、气韵以及飞动

之中有规矩的整体体段，揣摩其用笔的技法。观看而有所得时，就背临，再和原作比较。他想追求神似，但他又觉得，神似也者，只能意会而不可以言传。而且，一个人想兼擅各种书体、各家之长，实在也是不大可能做到的事。到了这个时候，他就开始思索一个问题；一个人的书法，是应该各体俱臻精妙，还是应该只精一体或者二体使其达到顶峰呢？一面不断习书，一面思索，他终于想通了：自己幼年学习执笔，中年临帖，出入各家之间，务求形似。这对打基础是有益的。但是到了晚年，觉得在二至三种书体上独有心得，超出古人之上，理应反博入约。艺贵专精，只有精研专攻，才能突破前人藩篱，自成一家。

穆帝改元升平之后，亲自执政了。他爱好书法，尤其喜欢羲之的字，竟收藏起前几年羲之的奏疏来。于是收藏羲之墨迹成为一时风气。亲友们甚或只有一两面相识的人，写给他的书信多了起来。他有选择地写回信，也每天打发不清。这时他觉得用章草和八分这两种书体回信，字写得太慢了，于是先改为用行书体作复，更忙时就用今草，于是速度大大加快。而行、草二体写得多了，他又发现，字的结体和笔势，逐渐形成了个人的特色，与哪一辈古人也有所不同。有时作书完毕，重看一遍时，甚为欣赏，竟有舍不得发出去之意。这样的次数多了，作书时总给他带来一种快感。这种快感并非因为

他知道自己的书法出了名，而是他觉得自己的生活充实，活得更有意义了。

夏天到了，当人们挥汗成雨时，手中一把扇子是少不了的。一天，羲之偶然出门，看到一个老妇人坐在桥栏旁，身边摆着十多把六角形竹扇，正在发愁。一问，原来卖竹扇的太多了，她编的粗糙了些，没人来买。羲之很可怜她，就附近店铺里借笔砚，每把扇子上写了五个字。嘱咐她："有人问时，你说字是前任的王使君写的，百文钱一把，钱少不卖。"不多久，老妇人的扇子卖完了，赶紧回家又取了十来把来，坐在桥旁单等这位"前使君"来给她题字。为了她时常纠缠不清，羲之在这个夏天出门时，不得不绕道走一条小巷。此巷今天还叫作"躲婆弄"。

在永和十二年，他曾用小真书写了《黄庭经》供献之临摹。过了一年多，有一次，他看到献之临写的《黄庭经》大有乱真的样子，忍不住称赞了几句。他又告知献之，章草是古体，有时还得练习一下。谁知献之竟然回答："那章草，笔法单调，没有恢宏的气势和秀逸的韵致。如今稿行（接近行草体）特别受人喜爱。孩儿想，阿爷以后应该改体才对。"

"古人传下来的字体那么多，怎么叫改体？是不是完全不要古体了，那么你为何又叫我多写稿行？"

"孩儿说的改体，不是指的废除古体。只是说，古今

喜爱的字体不同。譬如说，两位舅父和谢家几位阿叔都喜欢阿爷新体的行、草和小真书，孩儿也喜欢这几种。还有人说，民间寒族也喜欢这几种体。那个山阴道士，早就想要阿爷用真书替他写《道德经》，知道阿爷爱鹅，特地养了一笼好鹅，换阿爷的字。”

这一段话启发了王羲之。他开始写真书，为的是省去八分的蚕头燕尾，写行书，宛如快速地写真书，省去一些笔画而不失字形。写今草，不仅要改变章草的体势呆板，也含有节省笔画，作书快速之意。献儿说新体受平民寒族的喜爱，为什么？大约除了这三体秀逸飞动而不呆板之外，便于书写也是原因之一。献儿到底年幼，称这三体为新体，不知道前朝钟太傅、刘德升、张芝他们已经写这三体了。不过自己写的这三体尚有待改进之处，献儿所说的改体大约指此而言吧。

晚于他七百多年的一位诗人兼学者的，写过两句饱含哲理的诗：“不识庐山真面目，只缘身在此山中。”羲之一心在探索书法的新境界，不知道自己已经达到这个境界了。再经过八百年之后，又一位学者兼诗人的，写下了这么几句话：“诗人对于自然人生，须入乎其内，又须出乎其外。入乎其内，故能写之；出乎其外，故有高致。”如果把开头的“诗人”二字改为“书法家”，“有高致”三字改为“达极致”，移用来说明王羲之习书成长的过程，就非常恰当了。

五

穆帝升平二年（公元 358 年）以后，王羲之的精神面貌焕然一新。对书法最高水平的追求，使他精神升华，变成了对于人生理想的追求。旧日的坎坎坷坷，恩恩怨怨，在内心中淡化到了无痕迹的程度。他除了对于用新书体代替旧书体的信心绝不动摇以外，几年来绝口不谈朝政大事的态度也变了。他自己信守誓言不再出仕，却听任儿子们经由州郡中正品评的道路做“起家”的官，只是告诫他们，为政不可虐民。在与知交书函交往中，往往透露了对时政的关切。

八月，豫州刺史谢奕死去，会稽王司马昱调谢万充任，又给他加上西中郎将、监司、豫、冀、并四州军事的衔头。羲之是谢万的好友（才会有谢万为替他打抱不平而大骂自己岳父王述的举动），深知此人风流倜傥、谈玄论道有余，要谈到为将治军可就一窍不通了。他本来打算把自己的看法告诉王彪之，怎奈他远离建康，书信未到彪之处，诏书已经下来了。出于忧国之心，也为谢万打算，他致书谢万，极为恳切地规劝：

以君迈往不屑之韵（高傲的性格），而俯同群辟（做这样的官），诚难为意也。然所谓通识（有见识的人），正自当随意行藏（时常注意人际关系），乃为远（有远见）耳。愿君每与士之下者同，则尽善矣。食不二味，

居不重席，此复何有（这些不难做到），而古人以为美谈。济否所由（能不能做到），实在积小以成高大（从小事做起），君其存之。

羲之是从自己任护军将军整顿营务的经验出发进行规劝的。可惜谢万骄傲惯了，又没有自知之明，怎么懂得安抚将士，他哥哥谢安已经出山了，他是当时朝臣中少有的干练之才。怕谢万带兵不得人心，紧急时得不到将士出死力搏战，便教导他，让他召集部下先安抚一番。一天，谢万把主要将领召集在一起，可惜他不知道说什么话好。沉默了一阵，手执如意一挥说："你们都是劲卒。"这些军官不少是立了战功从士卒中一步步升上来的，最忌讳这个卒字。闻言一时不便大哗，下去后便议论纷纷，大为愤慨。到了升平三年（公元 359 年）十月，谢万和郗昙一起提兵北上，征讨慕容氏建立的前燕。刚刚走到涡水颍水之间，郗昙患病，不得已退兵徐州。无能又怯懦的谢万，以为敌人势大，吓跑了郗昙，慌忙下令退兵。只顾自己先跑，没有撤退的部署，结果全军溃败，甲仗军粮全部丢失。和那次殷浩出兵一样，要是听从羲之的劝告，二人都不至于身败名裂。

北伐如此，内政仍是苛政扰民。羲之虽然已是在野之身，因为郗昙和王彪之仍在高位，或是内亲，或是堂弟，仍然从为民请命的愿望出发，写信去进些忠言。当郗昙、谢万出兵之际，皇帝下诏："以比年出军粮运不

继，王公以下，十三户借一人，一年助运。”王公以下，指的是大官世族名下的“诡寄户口”，因为户主是高官，这些户口从来不应差役，如今要“借”他们出去运军粮，那些在籍的户口，普通小民，自然家家都有人被征发了。羲之为此曾有一个小柬写给王彪之：“运民不可得，而要当得（如果非征发他们不可的话），甚虑叛散。顿为此，足劳人意（很令人担心）。”他还是那个老看法：你的差役重，受役使的运民就要逃跑。羲之在另一封不知给谁的小柬中说：“且得其（内弟郗愔）书云：‘山海间民逃亡，殊异乎永嘉，乃以五百户去’深可忧……粮迟日广运，恐此不弊不已（非弄得民穷财尽不可）。”这些，与其说为朝廷担忧，不如说仍是为小民请命。当然，这一次仍是白操心，谢万一逃跑，经过几千里运去的军粮，全送给了敌人。

再一次关心国运民忧，换来再一次失望。羲之想开了：在其位时谋其政都不起作用，何况如今已不在其位。从此，他安然地过自己的闲适生活，勤奋地完善有自己特色的新体书法。有时甚至展开了想象之翼，要去蜀中这个充满神秘传说的地方一游。他与嫂子周氏的远房堂兄、正在蜀中镇守的周抚几次通信，多是问些彼方旧事：秦朝司马错所修的成都城，汉时讲堂的壁画还在吗？盐井、火井是怎么回事？一些历史人物严君平、司马相如、扬雄有没有后代？想是周抚作了回答。因而在一封书信

中他突发奇想："想足下镇彼土未有动理耳（你一时不会被调离开蜀中）。要欲及卿在彼，登汶领（通岭字）峨眉而旋，实不朽之盛事。"这般年纪，他仍然想一登汶领峨眉。可以看出，周抚倒是一个晚年无话不可以谈的人。

他还有一封书信，和周抚谈到现实中的问题："吾有七儿一女，皆同生（一母所生），婚娶以（已）毕。唯一小者尚未婚耳。过此一婚，便得至彼（游蜀中）。今内外孙有十六人，足慰目前。"他所说的尚未完婚的儿子是王献之。这封书信大约写于升平三年（公元 359 年）底。到了第二年初，献之的婚姻问题终于解决了。

郗昙有个女儿郗道茂，献之年幼时见过多次，但还谈不上什么青梅竹马之交，因为羲之与郗昙两地为官，二人各依父母居住。但升平二年郗昙升任北中郎将提兵北伐时，郗愔把侄女接到临海太守任上去住，经过山阴，郗璇留内侄女小作勾留，自己和献之陪着她游历稽山鉴水、禹庙若耶。道茂比献之大一岁，已经十六岁了，出落得亭亭玉立，使小献之多少动了"好逑"之意。郗璇觉得道茂温婉贞静，心里自然有一番打算。而献之少年时，生得如玉树临风，见过的人，都把他比作当年有名的美男子刘真长，郗道茂对他甚有好感，这一点也落入郗璇的眼中，便向羲之谈起为献之求婚之意。羲之虽然也同意，但是时值郗昙正以北中郎将衔镇守下邳，便决定等他调回建康或者京口再说。到了升平三年底，眼看

转过年道茂就十八岁了。郗璇不愿意再等下去，出了个主意，让羲之就近向郗愔求婚[5]。双方至亲，又是郎才女貌，郗愔料想郗昙会同意的，便答应下来。升平四年春，郗昙患病，从前线退到彭城后，不见痊愈。郗璇怕一旦弟弟不幸病故，侄女至少守丧两年多不能出嫁，催着羲之刻期迎娶。郗愔何尝不是怀着同一心理？大家心照不宣，六礼齐备，将郗道茂娶回羲之山阴家中[6]。

羲之最后一个心愿已了，但他没有去成蜀中，不仅因为他这时已届五十八岁高龄，还在于疾病缠身，无法作万里之游了。

服食“五石散（也叫寒石散）”是魏晋南朝的一种时尚，好像由曹魏时大名士何宴倡导的。以后，高门世族中人服食者越来越多。五石散乃是以石钟乳、石硫黄、白石英、紫石英、赤石脂五味为主的一种补药。有人为了求体健长生才服食。但是服此药弄得不好有很大的副作用，因此，服食时禁忌太多。不但服者本人须懂得这些禁忌，他的家人也必须懂得，以防一旦中了毒可以急救。主要应注意的事项是：服食后必须吃冷饭，药效发作后必须不停地走路，叫作“行散”。行散之后浑身发热，所以要少穿衣，用冷水浇身。吃冷东西，酒却要喝热的。皮肤发热之后容易磨破，就常穿旧衣服，不穿鞋袜而穿木屐。服散容易饿，饿了立刻就得吃饭，一次又不能吃多……稍一违反这些禁忌，就自讨苦吃。王羲之

开始服五石散，好像是在罢郡闲居之后，因为只在他晚年留下的书翰中才有服散的记载。他在给友人的一封书信中写道：“服散的时间久了，却不能求得安泰。既不能离开人间去山中修道（像友人道士许迈那样），便服金石之药（五石散）以求羽化登仙，这是非分之想，弊病都来了。”这是一段总的回顾。有的帖中他记下了初服散时的效果：“比服寒食酒，如似为佳。”后来，谈到副作用了：“吾遂沉滞，兼下（服药降体内之热）。如近数日，分无复理（不能康复）。昨来增服陟釐丸，得下。不知遂断（痊愈）否?”再以后，书帖中提到经常失眠，吃东西不消化，不能多吃，春秋天就病得厉害。各种病痛不能根除，身体一天一天坏下去。

羲之的第六个（或说第四个）儿子操之，管理着剡县（今浙江嵊州市）的田庄。羲之东游时，到了剡县的金庭。看到附近的五老、香炉、卓剑、放鹤几座山峰，爱那里的风景，添盖了一些房屋，带了夫人、操之、操之的乳母华氏，长期住下去。

服散的人最忌讳悲伤。刚入升平五年（公元 361 年），羲之接到献之从郡城派专人送来的书信，报告岳父郗昙逝世了。这一年羲之已经五十九岁，又患着病。大哭了一场，以致增加了新症候：脚痛，痛不可忍，腿又肿了，胸中发闷，干呕，更吃不下饭去。郗夫人强自忍着悲痛，亲自侍候他。由于夫人深知服散的禁忌，越中

的正月还很冷，仍然只让他吃冷饭，又做热豉酒与他解五石散的药力。就这样，病时好时坏地拖了一个多月，总算减轻了。

又一个凶讯来到了，来得突然，全家都没有防到。羲之最喜爱的操之的小女儿得了暴病，很快死去。郗夫人怕再次引发了羲之的病，让家里的人瞒住他。为此，悄悄地出了丧。

一连几天，都是阴雨天气，到了三月三日，忽然放晴，天空碧蓝碧蓝的。羲之这一天觉得腿脚壮实了许多。清晨，他不像往日一样，卧床将息到郗夫人带着儿媳将早饭送来，而是自己着装梳洗以后，扶了笻竹杖，向后门走去。他要到后门外瀑布山的山脚去看一下桃杏杂花。他平日足不出户，闷得紧。他想，上巳日到了，该去外面玩赏一下如海春光。

将要走到后门，看到门还锁着。他知道钥匙在一对老仆那里，他们老两口住在离后门不远的一间小屋里，便慢慢朝那里走去。小屋有一个小小的纸窗。走到窗前，刚要唤一下仆役的妻子。忽然一句话飘进了他耳中："这事，府君知道了吗?"是仆妇的声音。

"自然不知道。延期郎君让瞒住他老人家。"

"什么事要瞒住我?"羲之想。他停下脚步，决定听个明白。

"你想啊，咱们延期郎君的女儿刚刚死去，如今接上

了七郎君的头生女儿。老主人要是知道了，他的病……”

这位老仆的声音被打断了，因为，他听到窗外咕咚一声，似乎有什么重物倒地，伴随着还有个苍老的“哎哟”声。他听出了是谁的声音，情知不好，立刻飞跑出门，他妻子也紧跟身后。二人忙着搀扶倒在地上的老主人。但王羲之身体软软的，他已经昏过去了。

抬到卧室内，抢救了半日，羲之才苏醒过来。当问到两个孙女确实是夭折之后，他虽然没有怎样哭，但是，内心郁结的悲痛，使他的病体又加重了。操之除了延医调治以外，听了郗夫人的吩咐，派急足信使持书奔往郡城，唤来了凝之、肃之、徽之、献之四位郎君。郗夫人原来不想叫献之来的，但献之葬了女儿玉润之后，又急急地随后赶来了。

① 琅琊国内史相当于琅琊郡太守。

② 羲之这封书信，应以《晋书·王羲之传》所载为准。《资治通鉴》卷九九，将“以区区江左，所营综如此，天下寒心”，改为“今以区区江左，天下寒心”，就歪曲了王羲之就事论事的本意，变成羲之对整个局势悲观，也诱使后人误解羲之。读史者不可不详察。

③ 参加兰亭盛会的人数，据《世说新语·企羡》刘注，赋诗的二十六人，不会作诗的十五人，共四十一人。其他书却说羲之与四十一人共同参加修禊。清韩炼《兰

亭集》还有四十二人的名单。

④ 老子的话是“知足不辱，知止不殆”。周任的话是：“陈力就列（尽我的才力去任事），不能（不见效）则止。”

⑤ 今王羲之诸帖中存在的为献之向郗陪女求婚的一帖，是后人伪造的。而下述一帖间接托人向郗陪提亲才是真的：“中郎女颇有所向否（有婆家了吗）？今时婚对，自不得仆德意，君颇冷（疑为误字）不，大都此（说媒的事）亦在君耳。”

⑥ 今之学者颇有人以为羲之死后，献之才与道茂结婚。而羲之诸帖中有《郗新妇帖》及《官奴小女玉润帖》，均证明二人是在羲之生前的升平四年结婚的。

尾声　书圣口碑万代传

操之延医治疗得很及时，加上儿子们的安慰和照顾，羲之郁积的悲痛逐渐消减了。“白头人送黑头人”的事他已经历了几起。自己家中的玄之和涣之，岳父家的郗昙、谢家的谢万……他年届耳顺，生死大限不太放到心上，而且知道时间一到，自己也会随之化去。他家一直笃信道教一支的天师道，依天师道教义，信徒临死时忏悔了生前的过错，死后可以为神，这是使他病情减轻的主要原因。只是风痹之症虽然有所缓解，但是他知道，健康状况已经不能恢复到病前的状态了。因此，他拒绝了凝之、献之他们回山阴养病的要求。他对郗夫人说，已经爱上了剡中的山水，倘若逝世，就葬在这里，凝之现在是长子，死后可以葬在祖父母会稽的墓旁，代

替自己地下侍亲就行了。不久，他能起坐行走，便又把凝之等四人打发回山阴等地。

人们常说，积习难除。羲之又能下床走动时，仍不能忘情于书法。身体日趋衰弱的羲之，书法却毫无衰飒之气。随时挥洒写的书札甚至几张便条，斜欹之中见整齐，雄强之中见秀逸，姿态飞动，结体凝重，据后来专门研习他书法的人说，临摹他的字，求其形似容易，求其神似，也就是说，真正达到他那样水平的，似乎难见其人。每次，当经了郗夫人允许，由孙儿临之扶持着坐到案前回复几位知交问病、写些短柬之时，就感到精神舒泰，一时忘掉诸病缠身的痛苦。问病的书信太多，他的复书往往是简短的几句，信笔而挥，浑然忘了（或者说根本不再考虑到）作字的规范，也不计及字的工拙。所有回书都用今草，偶尔夹着行书。他发现，越是信笔而书，似乎字里行间就贯串着一股气势。什么气势呢，他说不出恰当的名字来。他特别喜欢作书之后久久凝视着那短柬上跳动的字迹，这时，内心总伴生着一种快感。每到这时候，他就想和献之讨论一番自己如今的书法是否称得起宏逸。因为，他已经见到年方十八岁的这位七郎君书法造诣颇不平凡，达到可以欣赏自己今日所达到境界的地步了。

处在这种精神状态之下，他自觉身体已经近于痊可了。除了回复书信外，开始更多地作字。不料，伏案稍

久，便觉得腰酸，而且走路更加不便利了。孙儿临之把这情况告诉了郗夫人。从此，夫人便亲自监管他。每次复函，不超过两幅。其余时间，夫人陪伴至少每日三次到宅院后面的瀑布山下扶筇散步。这瀑布山并非终年有瀑布，但山下一个澄澈的数亩小潭却是羲之喜爱的地方。随在两位老人家身后的临之，每每放下一只大号的胡床，让羲之坐下欣赏时时在潭中漫游的一群群白鹅。

越中那风光旖旎的孟夏季节便在这种山居闲暇之中溜了过去，仲夏五月来到了。

有人给王操之送来抄写的新皇帝登位的赦书，羲之才知道穆帝驾崩，继位的是明帝的长孙，成帝的长子。明帝，就亲戚关系说，是姨父元帝司马睿的儿子。成帝对自己四房这一支一直有恩，便想亲自写一封贺即位表，托人代奏。郗夫人苦劝，他不听，由临之旁侍，写了那封贺表。由于用小真书写，字迹又须十分工整，用了很多时间，写完这封也许是他一生最后的一件书作：

臣羲之言：伏惟陛下天纵圣哲，德齐二仪（指天地）。应期承运，践登大祚。普天率土，莫不同庆。臣抱疾遐外，不获随例（不能和在职朝官一同庆贺）。瞻望宸极，屏营一隅。臣羲之言。

掷下笔，他已经站不起来了。几个人七手八脚扶他去榻上卧下，他从此再没有能够下床，精神也萎顿下去。

他支持到五个儿子再一次聚齐，已经是弥留之际了。

依照天师道规矩，郗夫人问他有什么事要当众忏悔。他早已想过了，便平和地说："弟子王羲之，无论居官居家，公事私事，仰不愧于天，俯不怍于人，没有什么可以忏悔的。"略停了停，又说："我身后的丧事，一切从俭。有四件事，算我的遗嘱吧：第一，朝廷一切褒赠，特别是赠官，有违誓墓之言，不得接受。第二，遗体不要运回郡城，就近葬在这瀑布山下①，至亲好友，不必临穴，可以在郡城家中设灵堂吊唁。第三，你们弟兄几人，必须有一人不离会稽，一人永远侍奉母亲。定时祭扫祖墓。第四，文稿书翰，由官奴偕同汝母整理保存。传世与否，不必计较了。"说完，安详地扫视了一下妻子媳孙，目光渐渐散了。

他逝世于升平五年（公元 361 年）秋天②，新皇帝已经即位，但还没有改元。朝廷上，不少人知道羲之被排挤的内幕，又尊重他的为人骨鲠，守郡多惠政。特别是他的书法艺术，已经到了万众景仰的程度，公议追赠他为品位甚高的金紫光禄大夫。而他的儿子，遵守遗言，固让不受。他享年五十九岁。

羲之死后，他的书法作品，身价骤然增高。收藏他书作的人多了起来，最著名的一个是桓温的儿子桓玄，他收藏的二王（羲之与献之）书件很多，常常拿出来供幕僚欣赏。一次他设宴，其中有寒具（今称馓子），一位幕僚手中沾着寒具油，看羲、献墨宝时，使那上面沾上

了油渍。桓玄很心疼，从此宴客再也不设寒具。南朝刘宋时，献之的弟子羊欣撰《采古今能书人名》（今传之文为南齐王僧虔录），在王羲之条下，写道：“博精群法，特善草隶。羊欣云，古今莫二。”虞和《论书表》写道：“洎乎汉魏，钟（繇）张（芝）擅美。晋末，二王称英。羲之……又云：吾书比之钟张，当抗行。”文中还记载了桓玄、刘毅、卢循收藏及收购二王墨宝的情况。刘宋宗室新渝惠侯也曾悬赏收买，以至于有人伪作二王书，用屋漏汁改变了纸的颜色，真品伪品掺杂在一起卖出。虞和还替皇帝重新装裱了二王书，分三品（三等）共125卷，另早年“戏学”书作12卷。这是二王书法的第一次收集整理。虞和赞之为“足以声华四寓，价倾五都。天府之名珍，盛代之伟宝”。

南齐一代，虽然王导的玄孙王僧虔有一篇《论书》，只是介绍古代能书人的简历。常引王羲之的话，评论众人，而不敢对王羲之的字作出评语。总的来说，宋齐两代，羲之、献之书法，已经被尊崇到很高的地位，但是二王并称，难分高下。

萧梁时，王羲之的地位增高了，收购他的遗作者更多，便出现了伪作的问题。梁武帝喜爱羲之书法，曾经多次与道士陶弘景（相传《瘗鹤铭》是他写的）书信往来，反复讨论哪些传世书帖是王羲之的真迹。陶曾说：“比世皆高尚子敬（王献之）……海内非惟不知元常（钟

繇），于逸少亦然。”他公开表示羲之的书法造诣高于献之。然而梁代末年，侯景之乱，建康一带的藏书、包括名人遗留的翰墨，大部分散失于兵火之中。偏安荆州的梁元帝，因为西魏兵攻破江陵，叹息读书无用，将所藏的书以及所有名人墨迹一把火烧了。羲之书法真迹到底损失了多少，无从统计了。梁武帝为了教儿子们学书法，教人在羲之各帖中，选一千个不重样的字，让周兴嗣编次成文，周兴嗣一夜编成，头发都白了，那便是有名的《千字文》。字体，当然是真书。如今，遗留下来的羲之真书帖很少。就算《乐毅论》和《黄庭经》是真本，也凑不成一千个不同的字。损失无法弥补了。

陈、隋两朝，除了几通隋碑（比如《龙藏寺碑》）表现了北碑向唐代书法过渡的风格外，只有羲之七世孙智永和尚学羲之书体，虽然几十年不下楼，专力挥毫染翰，造诣就比羲之差着一大截。总算羲之一脉尚有传人。

唐代，羲之声名大起，书体大行。从此，羲之书法升格到古往今来第一人。这有两个原因：一是唐太宗以君主身份，大力揄扬，风行草偃。二是《兰亭序》真迹重新出世，唐初书法家各有临摹件传世，影响极为深远。王羲之的《兰亭序》真迹，一向由第五子徽之收藏，以后传子桢之，孙翼之、曾孙法兴、玄孙彦祖、六代孙昱，七代孙智永。智永做了和尚，由梁活到隋代才死，圆寂之前，无子，把兰亭真迹传与弟子辨才。到了唐代，太

宗极爱王羲之书法，多方收购，独缺《兰亭序》。手下不知什么人打听出来，这件精彩的书作因为一直藏在羲之后代处，连梁武帝和陶弘景也没有见过，自然也未毁在战火中，如今在会稽永欣寺一个老和尚手中。唐太宗三次把辨才宣入内道场，辨才一口咬定没有《兰亭序》，三次被放回。唐太宗采取《孙子兵法》中用间谍的手段，派萧翼去越州，终于把《兰亭序》真迹赚了出来[③]。太宗除了令供奉拓书人赵模、冯承素等人用响拓法（双钩描法）各拓出几本外，又令名书法家虞世南、欧阳询、褚遂良三人各自临摹一本[④]。冯拓本和定武兰亭，特别是后一种，影响自宋至清各代书法家甚大。以上是贞观二十二年的事。就在这一年，《晋书》修成了，其中《宣帝》、《武帝》二记和《陆机传赞》、《王羲之传赞》，由唐太宗执笔。在传赞中，他回顾了古代书法家各人的成就，最后归结到王羲之，不惜给予最高的赞颂：

所以详察古今，研精篆素，尽善尽美，其惟王逸少乎？观其点曳之工，裁成之妙，烟霏露结，状若断而还连；凤翥龙盘，势如斜而反直。玩之不觉为倦，览之莫识其端。心摹手追，此人而已，其余区区之类，何足论哉！

由于唐太宗在历史上的地位，他如此重视王羲之的书法，又一次大规模地从民间收购二王书件的行动开始了。购到的，由褚遂良鉴别真伪，编成书目。以后李嗣真撰《后书品》，张怀瓘撰《书断》，又都给予王羲之很高的评

价。可以说王羲之那千古书坛第一人的地位，从此不可动摇。前代书法名家如皇象、张芝、钟繇、索靖等，人们都曾称他们为书圣。唐代以后，书圣的尊称，似乎已专属于王羲之。

只是，由于皇帝家天下的思想和贪婪作祟，唐太宗把分散在民间的羲之书法佳作中梁元帝一把火未波及的那一部分聚在自己身边。死前弥留时刻甚至于让唐高宗把《兰亭序》茧纸真本和其他佳作放到昭陵自己的坟墓里。结果五代后梁时，一个被称为华原贼帅的乱世武人温韬发掘了昭陵。唐太宗棺木两旁石台上、铁匣中装的用各种锦缎彩帛装裱的钟王书法名作被取了出来。温韬只留下缎帛，把主要部分的翰墨神品都撕下来扔掉，任其腐烂了。《兰亭序》原件从此谁也没有找到。而没有陪葬昭陵的那些瑰宝呢，后来被太平公主、安乐公主偷出去不少，下落不明。开元年间，敕陆元悌等人检查重新装裱，又不知被换去多少。以至王羲之的作品，今天只剩下拓件摹件，真迹一件也没有了。

唐代，已经有集古代名帖于一册的做法了，如武后时的《万岁通天帖》。宋代，这做法更加盛行，有名的《淳化阁帖》、《大观帖》、《绛帖》、《宝晋斋帖》等，都以其摹拓精致，逼真原作，成为书家临摹的范本和收藏家的瑰宝。而这些丛帖中，王羲之帖总是占着主要地位。

宋、元、明三代名书法家苏轼、黄庭坚、米芾、李

永和九年歲在癸丑暮春之初會
于會稽山陰之蘭亭脩禊事
也羣賢畢至少長咸集十
有崇山峻領茂林
湍暎帶左右
列坐其次雖無絲竹管弦之
盛一觴一詠亦足以暢敘幽情
是日也天朗氣清惠風和暢仰

建中、蔡襄、薛绍彭、赵构、姜夔、赵孟頫、鲜于枢、柯九思、康里巎巎、祝允明、文徵明，董其昌，可以说或受过王羲之的影响，或者就是王羲之一系。清代，又一位揄扬王羲之书法的皇帝出现，那就是乾隆，他的《三希堂法帖》和《兰亭八柱》，也成为习王书的瑰宝。

总之，如果说王羲之的书法影响了中国书艺一千余年，不能算过分之辞。中国书法，不单是传递思想的工具，还是一种世界上独特的艺术。它带给人的艺术美感，在中华文化中的地位，决不在绘画、诗歌、雕塑、劈崖造象之下。那么给予王羲之在中国历史上以相应的地位是理所应得了。云南大理，这个美丽的地区，经武侠小说家金庸的描写更加遐迩闻名，可是谁知道宋代的大理国还不知道有孔子，而把王羲之当作“先师”祭祀[5]？

孔子临死时哀叹“哲人其萎乎”！哲人，应该是众人所敬仰的人。王羲之生前倒不一定众人仰望。死后呢？一千六百多年了，一直算得上众人仰望的人。今天把他视作“齐鲁英杰”之一，该是名实相符吧。

① 羲之的墓地，有三种不同记载：据赵宋《嘉泰会稽志》所记，在今诸暨市苎萝山。据唐何延之《兰亭记》所记，自右军之坟及右军之叔以下茔墓，并置山阴县西南31里兰渚山下。据今传《金庭王氏（王操之一系）族谱》，王羲之葬剡县金庭观。今采用第三种说法。

②《金庭族谱》谓羲之死于升平五年五月。月份无据。《全晋文》中今存羲之一帖："吾顷无一日佳，衰老之弊日至，夏不得有所啖，而又有劳务，甚劣劣。"饭都吃不下去，已经去死不远。故他应死在这一年夏季以后。

③ 唐何延之《兰亭记》写萧翼赚《兰亭序》，除了细节因讲述者辨才弟子玄素记不清稍有失误外，全属事实。笔者在《古永欣寺在绍兴考》〈文载浙江美院出版社《王羲之研究论文集》中〉一文中曾作了考证。

④ 欧、褚临摹本常见，欧本上石，世称定武兰亭。虞摹本即《张金界奴本》，不多见。

⑤ 见《元史·张立道传》。